사마천 스캔하기

사마천 스캔하기

초판 1쇄 인쇄일 2017년 03월 02일
초판 1쇄 발행일 2017년 03월 09일

지은이 방민수
펴낸이 양옥매
디자인 황순하
교　정 조준경

펴낸곳 도서출판 책과나무
출판등록 제2012-000376
주소 서울특별시 마포구 방울내로 79 이노빌딩 302호
대표전화 02.372.1537 팩스 02.372.1538
이메일 booknamu2007@naver.com
홈페이지 www.booknamu.com
ISBN 979-11-5776-404-4(03300)

이 도서의 국립중앙도서관 출판시도서목록(CIP)은 서지정보유통지원 시스템
홈페이지(http://seoji.nl.go.kr)와 국가자료공동목록시스템
(http://www.nl.go.kr/kolisnet)에서 이용하실 수 있습니다.
(CIP제어번호 : CIP2017005434)

사마천 스캔하기

방민수 지음

책과나무

글을 쓰면서

오천 년의 역사, 13.5억의 인구, 960만 제곱킬로미터의 넓은 땅덩어리, 한족과 55개 소수 민족, 세계 경제의 중심으로 급속히 성장하고 있는 중국.

중국 사람은 중국을 '지대물박(地大物博)'이라고 표현한다. 땅이 넓고 물자가 풍부하다는 의미이다. 의미를 확대 해석하면 중국에는 없는 것이 없다는 것이다. 예를 들어 어떤 것이 하북성에 없다면 광동성에 있을 것이라 생각하고, 만일 광동성에도 없다면 중국 어디엔가 있다고 생각한다. 그것이 무엇이든지간에 중국인은 오천년의 중국 역사 속에서 그것을 찾아내어 중국을 세계에서 원조의 위치에 놓으려고 한다.

중국은 2-3천 년 전의 춘추 전국시대와 진(秦)나라를 거쳐 한(漢)나라라는 통일된 국가를 건국함으로써 중국이라는 골격이 만들어진다. 사마천(司馬遷)은 오제(五帝)부터 한나라 무제(武帝)까지 2,500여 년의 역사를 『사기(史記)』라는 책으로 만들었으며, 이 책이 바로 중국이 세계의 중심이고 원조라는 생각을 갖게 하는 진원(震源)이다.

그리고 중국인들은 『사기』에 등장하는 수많은 인물들 속에서 자신의 이상형을 정하고 본받으려는 경향이 강하다. 명나라를 건국한 주원장은 한나라를 창건한 유방에게서 자신과의 동질성을 찾고자 했다. 중국의 전 총리인 조우언라이는 마오쩌둥 주석의 독재 통치하에서 끝까지 2인자의 자리를 지킨 것을 두고 한나라 유방의 절대군주 밑에서 토사구팽당하지 않고 2인자로 살아남은 소하에 비유되곤 한다. 전직 총리인 원지아바오는 부총리 시절 홍수의 피해를 최소화한 치수 실적으로 중용되었다 하여 하나라를 창건한 우임금에 즐겨 비유되곤 한다.

이처럼 『사기』는 중국의 뿌리이며 보물이 되었다. 이천여 년이 지난 21세기에도 『사기』 번역서를 비롯하여 『사기』를 소재로 한 책이 계속 출간되고 있으며, 그 위상은 후대 사람들이 칭송하지 않을 수 없는 지존의 위치에 올라 더욱 빛나고 있다.

필자도 『사기』를 여러 번 읽었고, 읽을 때마다 수많은 등장인물의 처신에 공감하며 같이 슬퍼하고 같이 기뻐하였다. 어려움에 처했을 때 『사기』를 읽으면서 위로를 받았으며, 인생의 이치를 먼저 깨달은 사마천의 통찰력에 감탄하곤 했다.

그런데 이러한 생각에 변화가 생기고 『사마천 스캔하기』라는 책을 쓰는 계기가 된 것은 10여 년 전으로 거슬러 올라간다. 2004년 중국에 있는 총영사관으로 발령을 받는다. 중학교 다니는 아이들이 1년 정도 중국어를 배웠고 어느 정도 중국어 읽기가 가능해질

무렵, 중국 서점을 둘러보는데 책 한 권이 눈에 들어왔다. 『사기』였다. 「본기」 1권, 「세가」 1권, 「열전」 2권으로 총 4권이 1질로 구성되어 있었다. 내용이 축약되어 있고 문장도 쉽게 풀어써서 아이들이 읽기에 안성맞춤이었다.

3질을 구입하여 읽기 시작하였다. 혼자 읽을 때는 의식하지 못했는데, 아이들과 함께 읽으면서 21세기에 어울리지 않는 내용들이 눈에 보이기 시작하였다.

21세기에 보편적인 가치로 자리 잡은 자유민주주의, 시장경제, 법치와 같은 개념이 이천여 년 전 중국에는 존재하지 않거나 거의 없었으며, 있다 해도 그 의미가 달랐다. 더군다나 과학, 교통, 통신이 급속도로 발전하면서 인간의 인식이나 상식 또한 크게 변화했다. 그럼에도 불구하고 『사기』를 읽으면서 옛날 말씀이 모두 옳다고 감탄만 한다면 아이들에게 약이 아니라 오히려 독이 될 수도 있다는 생각이 번뜩 들었다.

『사기』는 여전히 위대한 책이지만 만병통치약은 아니다. 21세기에도 받아들여지는 가치가 많이 남아 있는 것은 사실이지만, 이제는 유효기간이 지나서 재평가받아야 할 가치도 있다.

2년 동안 책을 읽으면서 준비한 메모와 아이들과 나눈 이야기를 여러분과 함께 나누고 싶다는 생각이 들었다. 그러나 직장 생활하면서 책을 쓴다는 것이 엄두가 안 났고, 『사기』에 토를 단다는 부담감도 있어 뒤로 미루다 보니 어느덧 세월이 많이 흘렀다. 그러던 중 프린스턴 대학 교수였던 찰스 길리스피가 쓴 『객관성의 칼날』이라는 책을 읽게 된다.

"피카소가 예술가로서 레오나르도보다 더 뛰어나다든가 못하다든가 하는 결론을 내리기란 불가능하다. 그러나 물리학에서는 모든 대학 신입생들이 근대 과학의 토대를 마련한 영예를 누구보다도 먼저 누려야 할 갈릴레오보다 더 많은 것을 알고 있다."

400여 년 전에 세상을 발칵 뒤집어 놓은 세계적인 과학자 갈릴레오보다 현재 물리학과에 다니는 보통 수준의 대학생이 더 많은 지식을 갖고 있다는 것은 듣고 보니 당연한 사실이지만 또한 생각지 못했던 신선한 충격이었다. 필자는 사마천보다 2,000여 년 후에 태어난 덕분에 찰스 길리스피 교수의 말에 용기를 갖게 되었다. 퇴직 후, 오래전에 만들었던 메모를 꺼냈고, 그동안 조금 더 내용을 보완하고 노력한 결과 『사마천 스캔하기』가 출간되었다. 중국의 과거, 현재 그리고 미래에 관심이 있는 분들에게 도움이 되기를 바란다.

이 책은 『사기』에 대한 전문적인 지식을 가지고 쓴 학술 서적이 아니다. 내용은 『사기』가 중심이지만 야사(野史)나 일화(逸話) 등도 추가하여 재미있고 이해하기 쉽게 풀어썼다. 구성은 대부분 『사기』의 이야기 중에서 일부분을 선별하여 26개의 독립적인 이야기를 만들어 순서에 상관없이 읽을 수 있도록 했다. 그러다 보니 약간 중복되는 부분이 있음에 양해를 구한다. 『사기』를 처음 접한 분들은 "26장 지록위마와 사마천"과 "알아두기: 사마천과 『사기』"를 먼저 읽을 것을 권한다.

그리고 매 장마다 "스캔하기"라는 부분이 있다. '스캔'에는 여러 가지 뜻이 있지만, 여기서는 21세기 문명과 상식으로 『사기』에 등장하는 인물들을 새롭게 비춘다는 의미이다. "스캔하기"는 필자가 새롭게 시도하는 형식이므로 독자 여러분의 반응이 궁금하다. 우리나라에는 『사기』 전문가도 많고, 책을 출간하지는 않았지만 강호에 숨은 고수들도 많을 것이다. 일천한 지식과 부족한 필력에 대해서는 많은 관심과 질정(叱正)을 부탁드린다.

3년 반 동안 중국에서 근무가 바쁨에도 불구하고 아이들과 함께 틈틈이 『사기』를 읽을 수 있었던 것은 큰 즐거움이었다. 10년 만에 책을 출간하게 되어 기쁘고 홀가분하다. 그동안 책을 출간할 수 있도록 모든 것을 도와주며 항상 함께 이야기해 주고 격려해 주었던 사랑하는 아내 경선에게 제일 먼저 고마운 마음을 전한다. 또한 아빠와 함께 『사기』를 읽고 이 책을 쓸 수 있도록 영감을 준 수영이와 재호에게도 고마움을 전한다.

그리고 이 책이 출판될 수 있도록 격려해 주고 도와주신 모든 분들께 깊은 감사의 말씀을 드린다. 마지막으로 책이 출간되도록 도와주신 출판사 책과나무의 양옥매 실장님, 편집과 교정을 도와주신 황순하 님, 조준경 님에게도 감사의 말씀을 드린다.

2017년 봄
방민수

목 차

사마천 스캔하기
- 스물 여섯개 이야기

1

충분한 검증이 필요하다

| 순임금 |

요(堯)임금과 순(舜)임금은 선양(禪讓)제도에 의해 왕위를 물려받았으며 나라를 태평성대로 관리하였다고 칭송받는 임금으로 알려져 있다. 선양제도는 임금이 재위 시에 능력을 갖춘 후임자를 찾아내어 왕위를 물려주는 제도이다. 하(夏)왕조 우(禹)왕 때부터 아들에게 재위를 물려주는 세습왕조로 바뀌게 되지만, 선양제도는 중국에서 가장 이상적인 제도로 높이 평가되고 있다.

요임금은 선양제도에 따라 자신의 자리를 계승할 후계자를 찾았고, 이에 두 명의 후보자가 추천되었다. 한 명은 요임금의 아들 단주(丹朱)이고 또 한 명은 공공(共工)이다. 요임금은 단주가 예의가 없고 인간관계가 원만하지 않기 때문에 후계자로 적합하지 않다고 생각했다. 그리고 공공은 말 재주는 좋으나 말과 행동이 일치하지 않아 후계자로 적합하지 않다고 생각했다. 당시 공공은 귀신도 속아 넘어갈 정도로 말을 잘한다고 알려져 있었다.

신하들이 사방팔방으로 찾아보아도 후계자를 찾지 못하자, 요임금은 마침내 신분 고하를 막론하고 천명(天命)을 받들어 일할 수 있는 후계자를 찾으라고 지시했다. 이에 신하들이 순(舜)을 추천하며 말하였다.

"순은 아직 결혼을 하지 않았습니다. 그의 부친은 장님이고 성질이 못됐습니다. 순의 어머니는 계모이고 돈을 좋아하고 순을 박대하고 있습니다. 계모가 낳은 상(象)이라는 아들은 욕심 많고 버르장머리가 없습니다. 이렇게 어려운 가정환경에서도 순은 부모를 잘 봉양하고 형제간의 우애를 유지하고 있어 그의 효심이 널리 알려지게 되었습니다."

순의 사람됨과 능력을 시험해 보고자 요임금은 자신의 두 딸을 순에게 시집보내고 자신의 아홉 명 아들들을 순과 함께 기거하게 했다. 또한 요임금은 순을 국가 운영에 참여시켜 군주로서의 능력을 시험했다. 후계자로 선발된 후에도 순은 여전히 겸손하게 행동하고 부모에게 효도하였으며 동생과의 우애에도 변함이 없었다.

어느 날 순의 부친이 순에게 지붕에 올라가 수리를 하라고 하였다. 순이 사다리를 타고 지붕에 올라가 수리를 하고 있을 때, 순의 부친은 사다리를 치우고 밑에서 불을 질러 순을 태워 죽이려 하였다. 다행히도 순은 지붕 위에서 우산 같은 것을 낙하산처럼 이용하여 뛰어내렸다. 장님인 아버지가 아들에게 그런 짓을 한 것이 물리적으로 가능한지 의문이지만, 그렇다고 치자.

순을 죽이려는 시도는 계속된다. 어느 날 순은 아버지와 동생과 함께 우물을 파고 있었다. 우물을 비교적 깊이 파고들어 갔을 때, 순의 아버지와 동생은 우물 밖에서 우물 안에 있는 순을 향하여 돌과 흙을 쏟아부어 순이 나오지 못하게 하였다. 아버지와 계모 그리고 동생 상은 순이 죽었다고 기뻐하는 가운데, 상이 흥분해서 말하였다.

"드디어 나의 계획이 성공했군. 순의 아내 두 명과 순이 소중하게 여기는 악기는 이제 나의 것이다. 소, 양 그리고 창고는 부모님이 가지세요."

그런데 잠시 후에 순이 돌아왔다. 순은 만일의 사태에 대비하여 우물 안에 만들어 놓은 비상통로를 통하여 가까스로 탈출하였던 것이다. 상과 순의 부모는 너무나 놀라 벌린 입을 다물지 못하였다. 이러한 일이 생긴 이후에도 순은 이전과 같이 부모에게 효도하고 동생과의 우애를 지켜 나갔다.

아무리 호랑이 담배피던 시절의 이야기라고 해도 순의 무던함을 읽고 있자니 정말 짜증이 솟구쳐 올라와서 책을 덮고 싶을 지경이다. 이 정도로 신변이 불안하다면 효도고 나발이고 가출하는 것이 정상 아닌가? 언제 죽임을 당할지도 모르는 상황에서 무던한 척 살아가는 모습을 상상하면 뚜껑이 열릴 것 같다. 그러나 그때는 그렇게 살았나 보다.

3년이 지난 후에 요임금은 순에게 천자의 자리에서 국가를 운영하도록 하였다. 요는 순에게 천자의 자리를 양위한 후 28년이 지나 죽었다. 요임금이 죽고 3년 상이 지났다. 순은 천자의 자리를 요임금의 아들 단주에게 사양하고 국가 운영에 관여하지 않았다. 그러나 대신들은 단주에게 국가대사를 보고하지 않고 모두 순에게 보고 하였다. 무려 30년간의 검증 과정을 거쳐 순은 마침내 천자의 자리를 수락하고 즉위하게 된다.

| 스캔하기 |

현대 대부분 국가는 자유민주주의를 정치 이념으로 삼아 공화국의 정치 형태를 취하고, 최고 지도자를 선거에 의해서 선출한다. 자유민주주의도 약점은 있다. 투표권자가 눈앞의 이익만 보고 포퓰리즘에 속아 넘어가거나, 포퓰리즘인 줄 알고도 무책임하게 정치꾼에게 한 표를 던지면 국가가 망해 간다는 약점 말이다.

그런 약점에도 불구하고 1990년대 초 소련의 붕괴와 사회주의의 몰락은 자유민주주의가 지구상에 현존하는 최상의 제도임을 확인해 주었다. 프랜시스 후쿠야마 교수는 그의 저서 『역사의 종말』에서 자유민주주의가 이데올로기 진화의 종점이 될 것이며 그런 의미에서 자유민주주의는 "역사의 종말"이 된다고 주장하고 있다.

중국의 정치 형태를 되돌아보면, 하나라 우임금까지는 선양제도가 유지되어 왔다. 그러나 우임금이 아들에게 임금 자리를 물려주면서 부자 상속의 왕정이 청나라까지 유지된다. 1840년 아편전쟁 이후 중국은 서구 열강에게 무릎을 꿇는 종이호랑이가 되었고, 중국인은 아큐(阿Q) 정신에 의지하여 스스로를 위로하였다.

그리고 1949년 10월 1일 중국 공산당에 의해 중화인민공화국이 건국된다. 모택동이 마르크스와 레닌을 숭배하며 사회주의를 추구했지만, 백성의 배고픔도 해결하지 못하는 무능함에 직면하게 된다. 한때 권력에서 쫓겨난 등소평이 오뚝이처럼 살아나 1978년

개혁개방의 기치를 걸고 먹고 살기 위해 시장경제를 받아들일 수
밖에 없었다.

개혁개방 이후 수십 년간 고도성장하면서 중국의 모습은 하루가
다르게 발전해 왔다. 중국인 관광객은 전 세계에서 최대 고객이
되었고, G2라는 소리가 들리더니, 수십 년 내에 중국이 미국을 제
치고 세계 최고의 국가가 된다는 전망까지 쏟아지고 있다. 중국은
점점 더 소위 시장경제 친화적인 방향으로 나아가고 있으며, 자신
감이 여기저기서 넘쳐나고 있음을 볼 수 있다.

그러나 정치체제만은 자유민주주의가 아니라 중국식이다. 현재
중국의 최고 지도자가 형식적으로는 전국인민대표대회에서 선출
되나 사실상 사전에 후계자가 결정된다. 후계자 선정 과정에서 피
를 흘리는 권력 투쟁이 발생하기도 하지만 그 내막은 알기가 어렵
다. 어쨌든 신임 최고 지도자는 공산당 당원으로 활동하며 수십
년간 충분한 검증을 통과한 후에 전임 최고 지도자로부터 권력을
이양받는다. 마치 요순시대의 선양제도가 다시 살아난 듯하다.

중국이 개혁 개방을 하면서 자유와 민주의 목소리가 커지기 시
작했고, 마침내 1989년 천안문 사태를 맞게 된다. 북경대학 학생
을 중심으로 100만여 명이 넘는 시민이 천안문 광장에 모였고, 군
대에 의해 강제 진압되었다. 1919년 3·1운동이 중국의 5·4운동
에 영향을 미쳤듯이, 1980년대 대한민국 대학생의 자유민주주의
를 향한 시위 문화가 1989년 6월 4일 천안문 사태에 영향을 미친
것이다.

이후 중국 공산당은 1989년의 사태가 재발하는 것을 용납하지

않겠다는 생각 아래, 중국식 사회주의 시장경제를 통해 옛날의 영광을 재현하려고 노력하고 있다. 시장경제와 자유민주주의는 마차의 두 바퀴처럼 서로 분리될 수 없다. 중국에서 자유민주주의 없이 지속적으로 경제 번영이 가능할지는 시간을 두고 지켜봐야 할 것 같다.

요순시대에 지도자가 되기 위한 최고의 덕목은 어떠한 환경에서도 변하지 않는 효심과 우애인 듯하다. 소규모 촌락공동체 같은 사회에서는 그럴 수 있다. 그러나 현대의 기준에서 보면 효심과 우애로는 부족하다. 국가 지도자의 자질을 구체적으로 언급한다면 국제사회의 흐름을 읽을 수 있는 식견, 책임지는 안보관, 일자리 창출 능력, 합리적인 판단력, 언행일치, 위기대처 능력 등이 있겠지만, 대한민국의 최고 지도자가 반드시 가져야 할 덕목은 자유민주주의와 시장경제에 대한 확고한 정치 철학과 추진력이다.

순임금은 30년 동안 검증에 검증을 거쳐 임금이 되었다. 국가가 부강하고 백성이 잘살게 되려면 정치 지도자는 충분한 검증을 거쳐 선출되어야 한다. 정치 지도자의 덕목은 시대에 따라 변할 수 있지만, 충분한 검증이 필요하다는 이 진리는 영원히 변하지 않을 것이다.

2

치수治水를 어떻게 할 것인가?

| 우임금 |

　예로부터 황하 유역은 홍수가 자주 발생하여 백성들의 피해가 엄청났다. 황하의 물결은 너무 거세고 변화가 심해 오랫동안 치수(治水)에 힘썼음에도 불구하고 성과가 거의 없었기에 인간의 힘으로 감당하기에는 불가능해 보였다. 그러나 우(禹)라는 인물이 황하를 다스리는 총책임자가 되어 13년간의 노력 끝에 성공을 거둔다. 우가 얼마나 미치도록 일을 했을까?

　결혼한 지 사흘 만에 공사 현장으로 달려갔고, 13년간 집 앞을 세 번 지나쳤지만 한 번도 집 안에 들어가지 않았다. 집 앞을 지나면서 얼굴도 보지 못한 어린 아들의 울음소리가 들려왔지만, 문을 열고 들어가 한 번이라도 안아 보고 싶었지만, 우는 그냥 공사 현장으로 발길을 돌렸다. 여기에서 그 유명한 '과문불입(過門不入)'이라는 사자성어가 탄생한다. 문을 지나치면서 들어가지 않았다는 뜻이다. 중국에서는 개인적인 일을 뒤로하고 공적인 일을 최우선으로 하는 행동을 칭찬할 때 사용한다.

우는 입고, 먹고, 자는 것을 다른 노동자들과 같이하면서 동고동락하였다. 눈이 오나 비가 오나, 오로지 치수에 전념했다. 몸은 햇볕에 까맣게 그을렸고, 손과 발에는 두꺼운 굳은살이 생겨났고, 몸은 홀쭉하게 말라 갔다. 마침내 치수 공사가 성공적으로 마무리되어 홍수가 발생하지 않고 곡물 생산이 늘어나자 백성들은 환호했고, '대우(大禹)'라는 호칭으로 불리게 되었다. 순임금은 우를 표창하였으며, 관직과 토지를 하사하였다.

그런데 21세기를 살아가는 사람에게 거슬리는 내용이 있다. 바로 과문불급의 해석이다. 아무리 선공후사(先公後私)가 유행한다고 해도, 13년간 집 앞을 세 번 지나가면서 한 번도 들어가지 않았다는 것이 과연 인간이 할 짓인가? 무엇인가 말 못할 우(禹)만의 사연이 있지 않았을까?

우의 아버지는 곤(鯀)이다. 곤은 요(堯)임금 시절에 이미 9년간 치수 사업에 온 힘을 기울였지만 성과를 거두지 못했다. 요의 임금 자리를 물려받은 순임금은 곤이 치수 사업에 실패하였다고 판단하여 책임을 물었다. 곤은 우산(羽山)으로 유배되었고, 그곳에서 죽음을 맞이한다.

순임금은 곤이 성공하지 못한 치수(治水) 임무를 곤의 아들 우에게 맡긴다. 아버지가 일을 잘못해서 죽음을 당했는데, 그 일을 아들에게 하라고 하니, 너무나도 부담스러웠던 우는 사양하였다. 그것도 거의 불가능할 것 같은 일이었으니, 어찌 받을 수 있었겠는가? 그러나 우는 할 수 없이 치수 업무를 맡게 된다. 이러한 사연이 있었기 때문에, 우는 자기 집 앞을 지나면서 감히 들어가지 못했던 것이다.

임무를 부여받고 깊은 생각에 빠진 우는 한 가지 방법을 생각해 낸다. 아버지 곤은 제방을 쌓아 물의 흐름을 막고 저장하는 방법으로 치수를 했는데, 홍수가 났을 때 제방이 약해서 황하의 거센 물결을 버텨 낼 수 없었다. 우는 아버지의 실패를 교훈삼아 제방을 쌓아 물을 가두는 방법을 버리고, 홍수가 날 때 물이 잘 흘러 바다에 이르도록 하는 방법을 생각해 낸다.

당시에 치수는 잘하는 자가 지도자가 될 자격이 있을 만큼 국가의 최대 사업이었다. 결국 순임금은 임금의 자리를 치수의 달인 우에게 선양하였다.

| 스캔하기 |

우는 치수를 잘해서 임금이 되었고, 치수란 물 흐르듯이 순리대로 하는 것이라는 인식이 중국인의 마음에 자리 잡게 되었다. 도가(道家)는 물의 흐름을 본받으라고 주장한다. 물은 높은 곳에서 낮은 곳으로 흐르고, 장애물을 만나면 우회하여 바다로 흘러간다. 자연의 이치를 따르라는 도가의 사상이 오래전부터 중국인의 마음속에 쉽게 받아들여진 이유다.

그러면 곤은 잘못했고, 우만 잘했는가? 곤이 제방을 쌓아 물의 흐름을 막고 물을 가두어 활용하려고 했던 생각은 아주 훌륭했을 수도 있었다. 당시 곤의 계획이 실패한 것은 토목 기술이 원시적이라 제방이 물의 힘을 견디지 못했기 때문이다.

토목 기술이 발전하면서 이곳저곳에 댐이 건설되기 시작했고, 2006년 세계 최대 규모의 삼협(三陝)댐이 중국에 건설되었다. 장소는 황하가 아니라 양자강이지만 곤이 저승에서 손뼉 칠 일이다. 중국의 수력 발전량은 중국 전체 발전량의 20% 정도로 선진국 수준이고, 수산물 생산이 대부분 내륙에 있는 민물에서 이루어지고 있음에도 세계 최고의 생산량을 자랑하고 있다. 그만큼 물을 잘 활용하고 있는 것이다.

1960년대에 잠실에 사시는 외할머니 댁에 갈 때 뗏목을 타고 한강을 건너갔던 기억이 난다. 당시 잠실에는 동네마다 조그만 언덕 위에 쇠로 만든 배가 한두 척 놓여 있었다. 홍수가 나면 마을 사람들은 언덕 위에 올라가 배를 탔고, 헬리콥터가 와서 구조해 주는 일이 자주 발생했다.

게다가 가뭄이 들면 서울 시내에서도 제한 급수가 심심치 않게 시행되었다. 그러나 팔당댐, 소양강댐이 건설되고 한강 주변의 제방시설도 잘 정리되어 이제는 홍수에도 침수되는 경우는 별로 없고 가뭄에도 매일 샤워를 할 수 있으니, 치수 덕분이고 고마울 따름이다.

한때 대한민국은 4대강 사업에 대하여 찬반양론으로 떠들썩했다. 그러나 2015-2016년 수십 년 만에 오는 큰 가뭄에도 불구하고 대부분 지역에서 제한 급수 없이 물을 사용할 수 있었던 것은 4대강 사업으로 물을 많이 확보한 덕분이라는 보도에 대해서는 큰 이견이 없는 듯하다.

댐 건설로 인한 환경 문제는 해결해야 하지만, 환경 문제만을 우려하여 필요한 곳에 댐 건설이 이루어지지 않는다면 홍수와 가뭄으로 인간은 더 큰 피해를 입게 될 것이다. 과학 기술이 발달함에 따라 생각이 바뀌는 것은 당연하다. 곤의 치수 방법이 좋은지, 우의 치수 방법이 좋은지는 토목 기술 수준, 과학 기술 수준 등 상황에 따라 달라질 수 있다. 자연을 잘 활용하고자 했던 곤의 생각이 계속 이어졌다면, 중국은 수천 년이 지난 지금까지도 세계 최고의 위치에 있었을 것이다.

3

나라가 망하는 징후들

| 걸왕, 주왕 |

세월이 흐른 후에 역사를 돌아보면 정권이 몰락할 징후를 쉽게 찾아볼 수 있다. 그러나 부패한 폭군은 그 징후를 감지하지 못하고 멸망의 길로 접어든다.

첫 번째 폭군(暴君)은 하(夏)왕조의 마지막 임금인 걸(桀)왕이다. 우(禹)임금이 하(夏)왕조를 세우고 사백여 년이 지난 후에 하나라는 상(商)나라 탕(湯)왕에게 멸망하였다. 걸왕은 백성들을 돌보지 않았고, 자신의 향락만을 추구하였으며, 충신들의 의견을 받아들이지 않는 폭군의 대표 선수다.

상탕(商湯)은 하왕조 제후 중의 한 명이었다. 그는 걸왕과 정반대의 방법으로 관할 지역을 다스렸다. 그는 백성을 성심껏 보살폈으며 현명한 사람들의 건의를 받아들였다. 상탕이 다스리는 지역의 백성들은 진심으로 상탕을 칭송하였다. 상탕이 말하였다.

"잔잔한 수면 위에 우리의 얼굴 모습을 비추어 볼 수 있다. 국가의 형편은 백성들의 얼굴에 나타나기 마련이다. 국가가 잘 다스려지는지 여부를 알려면 백성들의 얼굴을 보면 알 수 있을 것이다.”

어느 날 상탕이 지방 시찰을 하다가 사냥꾼이 사냥하는 모습을 보았다. 사냥꾼은 큰 그물을 쳐서 사방으로 도망가는 사냥감을 잡고 있었다. 그는 마치 산속의 모든 동물을 다 잡아 씨를 말리려는 것 같았다. 상탕은 그 사냥꾼에게 자연에 순응하면서 사냥하는 방법을 알려 주었다.

“그물을 설치할 때 삼면은 열어 두고 한쪽 면만을 닫으시오. 그리고 이렇게 말하시오. 동쪽으로 도망 갈 놈은 동쪽으로 가고, 서쪽으로 도망 갈 놈은 서쪽으로 가고, 북쪽으로 도망 갈 놈은 북쪽으로 가고, 내 말을 듣지 않는 놈만 그물 속에 남거라.”

이 이야기가 주위의 제후에게 전달되자 백성들은 상탕을 진심으로 칭송하며 말하였다.

“상탕은 성실하게 백성을 보살필 뿐만 아니라, 동물의 생명까지도 보살피니 그 은덕이 온 세상에 비친다.”

한편 걸왕의 폭정에 불만이 많았던 이윤(伊尹)은 걸왕을 몰아낼 방법을 찾고 있었다. 그는 상탕의 명성을 이용하기로 하고, 요리사로 가장하여 상탕의 집에서 요리 업무를 담당하고 있었다. 상탕은 이윤이 만든 요리를 아주 좋아하였다. 이윤은 상탕과 가까워지자 상탕에게 말했다.

“저는 주군에게 음식을 바칠 수 있어 기쁘고, 주군이 저에게 좋은 평가를 해 주시니 영광입니다. 지금 주군이 다스리는 땅은 넓다고 볼 수 없습니다. 만일 주군이 천하를 얻으신다면 저는 더 신선하고 풍부한 재료로 더욱 맛있는 요리를 만들어 드릴 수 있습니다.”

상탕은 이윤의 뜻을 이해하고 그를 중요한 관직에 임명하였다. 상탕은 항상 하나라 걸왕을 없애는 방법에 골몰하였다. 그러나 전쟁을 일으킬 경우 성공 여부가 확실하지 않았다. 상탕은 이윤의 건의에 따라 걸왕에게 바치던 공물을 중지하고 그 반응을 기다렸다. 이에 몹시 화가 난 걸왕이 제후들에게 상탕을 공격하도록 명령하려고 하자, 이 소식을 전해 들은 이윤이 상탕에게 건의했다.

"걸왕이 아직 제후를 움직일 능력이 있습니다. 아직 때가 무르익지 않았으니 공물을 계속 바치고 후일을 기다리는 것이 좋겠습니다."

상탕은 이윤의 건의에 따라 공물을 다시 바치면서 하나라의 동태를 유심히 관찰하였다. 전쟁은 아무리 작은 규모의 전쟁이라 할지라도, 강대국이 약소국을 상대로 한 전쟁이라 할지라도 엄청난 대가를 치러야 하고 결국은 백성에게 고통을 안겨 주게 되어 있다. 상탕은 전쟁으로 인한 그 대가를 잘 알고 있었으므로 신중하고 또 신중하게 피해를 최소화하면서 하나라를 망하게 할 방법을 찾고 있었다.

하나라 걸왕의 폭정이 날로 심해져 극에 달하니 백성들이 더 이상 참을 수 없는 지경에 이르렀다. 걸왕이 대신들의 의견을 듣지 않으니 처음에는 직언을 하는 충신들이 걸왕의 곁을 떠나기 시작하더니, 마침내 걸왕의 핵심 세력도 걸왕의 곁을 떠났다.

상탕은 군사를 일으킬 시기가 성숙되었다고 판단하고 하나라를 공격하였고, 마침내 그의 뜻대로 하나라가 망하였다. 백성들의 마음이 떠나고, 충신이 떠나고, 마침내 핵심 세력마저 떠나면 정권은 유지될 수 없는 것이다.

　두 번째 폭군은 상(商)나라의 주(紂)왕이다. 주왕은 어려서부터
똑똑하고, 말 잘하고, 힘도 장사였다. 그는 자신의 능력을 과신한
나머지 자신을 최고라 여길 만큼 교만해졌다. 어느 날 주왕이 대
나무 젓가락이 마음에 들지 않아 상아(象牙)로 젓가락을 만들도록
명령하였다. 이에 주왕의 숙부인 기자(箕子)가 반대하며 말했다.

　"만일 상아로 젓가락을 만들면 음식도 상아 젓가락만큼 사치해
져야 하고, 입는 옷도 이전보다 사치해져야 합니다. 이렇게 모든
것이 사치해지기 시작하면 백성들의 부담이 커지고 국가가 감당하
지 못할 일이 생길 수 있습니다. 제발 상아 젓가락을 만들지 말아
주십시오."

　그러나 주왕은 숙부의 간청을 뿌리치고 상아 젓가락을 만들었
다. 그는 백성의 어려움을 돌보지 않았고, 국고를 낭비하였고, 술
과 여자를 좋아했다. 어느 날 주왕이 한 부락을 점령했고, 그 부락
의 부족장이 주왕에게 바친 미녀 달기(妲己)를 얻고부터 생활이 더
욱 방탕해졌다. 세금을 올리고 각종 진귀한 물건을 모아들이니 백
성들의 고통은 더욱 심해져 갔다.

　백성들의 원성이 높아지자, 주왕은 더욱 엄격한 법을 만들어 억
압하였다. 마침내 포락지형(炮烙之刑)을 만들어 백성들의 고통을
즐기는 폭군으로 변해 갔다. 포락지형이란 큰 웅덩이 위에 기둥을
눕혀 놓고 밑에서는 불을 지르고는, 지명된 자가 그 기둥을 건너
가면 사는 것이고, 건너가지 못하면 떨어져서 불에 타 죽는 것이

다. 이에 비간(比干)이 주왕의 실정(失政)을 보다 못해 선정(善政)을 베풀라고 한마디 하니, 주왕이 화가 나서 비간의 심장을 꺼내 죽여 버렸다.

당시에 세 명의 충신이 있었다. 구후(九侯), 악후(鄂侯) 그리고 서백창(西伯昌)이다. 구후에게는 딸이 있었다. 구후의 딸은 주왕에게 바쳐졌는데, 주왕은 구후의 딸이 음란한 것을 싫어한다는 이유로 화를 내며 죽여 버렸다. 그리고 구후마저 죽여 그 시체로 육장(肉醬)을 만들었다.

이에 대하여 악후가 주왕을 비판하자, 주왕은 악후를 죽여 그 시체로 육포(肉脯)를 만들었다. 이 소식을 들은 서백창이 감히 말을 못하고 단지 탄식만 하였다. 이 사실이 주왕에게 전해지자, 서백창을 감옥에 가두어 버린다.

몇 해가 지나도 서백창은 풀려나지 못했다. 서백창의 아들 백읍고(伯邑考)는 숙부의 만류에도 불구하고 주왕에게 가서 주왕의 실정(失政)을 비판한다. 주왕은 백읍고를 죽이고 그 시체로 죽(粥)을 만들어 서백창에게 보낸다. 이는 주왕이 서백창의 능력을 경계하여 서백창이 왕이 되려는 마음이 있는지 시험하려는 것이었다. 서백창은 주왕이 보내 준 죽이 아들의 시신으로 만든 것을 알았지만 주왕의 의심을 받지 않기 위해 겉으로는 편안한 마음으로 죽을 먹고 고마움을 표시하였다. 서백창이 아들로 만든 죽을 먹었다는 보고를 받고 주왕은 만족해하며 속으로 생각했다.

"아들로 만든 죽을 먹은 자가 어찌 존경을 받을 수 있으며 어찌 왕이 될 수 있겠는가?"

서백창은 빨리 풀려나와 원수를 갚겠다고 굳게 다짐한다. 이때 서백창의 부하가 미녀, 좋은 말, 진귀한 보물 등 주왕이 좋아하는 것을 선물로 바친다. 죽 사건으로 서백창에 대한 경계를 풀고 있었던 주왕은 선물을 받자 바로 서백창을 풀어 주었다.

자신의 나라로 돌아온 서백창이 티 나지 않게 선정을 베풀면서 백성의 지지를 얻자 주위의 많은 제후들이 주왕을 떠나 서백창에게 의지하였다. 서백창의 세력이 주왕에 미치지는 못하였지만 서백창의 세력은 날로 강성해지고 주왕의 세력은 날로 약해져 갔다. 서백창은 겉으로는 국가 운영에 관심이 없는 척 하였지만, 내심 주왕에 대한 복수의 칼을 갈고 있었다. 아쉽게도 서백창은 병에 걸려 원수를 갚지 못하고 죽었다. 서백창은 임종 전에 태자 발(發)에게 당부하며 말한다.

"일은 빨리 마무리하도록 하여라. 기회가 오면 놓치지 말고, 잘못을 고치는 것을 두려워하지 말라."

발이 서백창에 이어 주무왕(周武王)이 된다. 무왕은 강태공(姜太公)의 도움으로 주나라를 부강하게 만들고 아버지의 뜻을 받들어 복수할 힘을 기르고 있었다. 강태공을 간단하게 소개하면, 서백창의 할아버지가 만나고 싶어 했던 인물이었으므로 태공망(太公望)이라고 불렸다고도 한다.

강태공이 강변에서 구부러지지 않은 낚시 바늘에 미끼도 끼지 않고 낚시를 하고 있었다. 고기를 낚는 것이 아니라 세월을 낚고 있었던 것이다. 그런데 이때 서백창이 강태공을 발견하고 이야기를 나누게 된다. 서백창은 강태공의 능력을 높이 평가하고 자신의 군사(軍師)로 삼았다.

전쟁은 국가 간의 무력 충돌이다. 강한 국가 간의 전쟁은 양국 모두에게 큰 피해가 따르지만, 강한 국가와 약한 국가와의 전쟁에서 강한 국가라도 피해 없이 승리할 수는 없다. 주무왕은 항시 상나라의 정치, 경제 등 상황의 변화를 예의 주시하였다.

상나라 주왕의 폭정이 날로 더해 갔고 직언을 하던 신하가 하나둘 사직을 하고 떠나자 상나라 조정에는 간신의 숫자가 직언하는 신하의 숫자를 능가하고 있었다. 더욱이 상나라 주왕의 폭정이 날이 갈수록 심해지자 마침내 간신들도 주왕의 곁을 떠나기 시작하였다. 상나라 백성들은 아직은 감히 불만을 표현하지 못하였지만 주왕에 대한 불만이 극에 달했다. 주무왕은 이제 전쟁의 시기가 무르익었다고 생각하고 강태공에게 5만의 병사를 주고 70만 병사를 보유하고 있는 상나라를 공격하라고 명하였다. 강태공은 병사에게 말하였다.

"도망가는 적을 죽이지 말라. 그들을 우리 군대에 복속시켜라."

상나라 군대는 비록 인원이 많았지만 오랜 세월 주왕의 폭정에 시달려 왔기 때문에 상나라를 지키려는 충성심도 없었다. 목야(牧野)에서 주나라와 상나라의 전쟁이 시작되자 상나라 군대는 창을 오히려 상나라로 향하여 공격하니, 주나라는 큰 힘들이지 않고 상나라를 점령할 수 있었다. 5만이 70만을 제압한 것을 두고, 상나라 군대는 대부분 충성심 없는 노예로 구성되었다는 주장이 제기되기도 한다.

주왕은 마지막으로 옷을 잘 차려입고 불 속에 몸을 던졌다. 강태공은 주왕의 시체에 화살을 쏘아 상나라 백성들의 가슴에 맺힌 응어리를 해소하여 주었다. 또한 주왕에게 억울하게 죽은 사람들의 영혼을 위로하였고 비간의 무덤도 잘 돌보아 주었다.

한편 경국지색의 미녀 달기는 처형을 기다리고 있었다. 망나니가 칼을 휘두르며 달기의 목을 베려고 하였으나 달기의 얼굴을 보자 정신이 혼미해지고 다리가 떨려 칼을 들 수가 없었다고 한다. 할 수 없이 구십이 넘은 노인 망나니를 불러왔지만 그 노인 역시 달기의 얼굴을 보자 다리가 떨려 감히 칼을 들어 올리지 못하였다고 한다. 하늘이 내린 미모의 여인 달기는 결국 천으로 얼굴이 가려진 후에 처형되었다.

군대의 힘은 그 숫자에 있는 것이 아니고 충성심에 있음을 알 수 있다. 백성의 지지 없이, 측근의 지지 없이, 심지어 군대의 충성심 없이 어찌 나라를 다스릴 수 있겠는가?

| 스캔하기 |

부패한 폭군 때문에 나라가 망해 가는 과정은 비슷하다. 민심이 등을 돌리지만 폭군은 이를 감지하지 못한다. 그다음 직언하던 신하가 등을 돌린다. 무엇인가 감지할 수 있는 시기임에도 폭군은 이를 무시한다. 마침내 간신들마저 위험을 감지하고 떠난다. 이때는 이미 시기가 늦었다. 마지막 남은 군인들마저 등을 돌리면 끝장이다. 결국 폭군의 주위에는 아무도 남지 않는다.

상나라가 망하는 과정에서 절정의 순간은 5만의 주나라 군대를 맞이하여 70만의 상나라 군대가 창끝을 상나라로 돌릴 때이다. 이 지경을 보고 상나라 군대가 노예의 군대라는 주장을 하곤 한다. 설령 노예의 군대가 아니라도 폭군을 위해 목숨을 바칠 군인은 없을 것이다.

현대적 정의(定意)로 국가의 3요소를 영토, 국민, 주권이라고 한다. 나라 국(國)자는 영토(口)를 국민(口)이 무기(戈)로 지킨다는 의미이다. 수천 년 전에 만들어진 한자에 녹아 있는 의미가 심오하다. 국가를 지키기 위해서 꼭 필요한 수단이 군대라는 의미이다. 그런데 군인을 폄하하거나 군대를 경시하는 분위기가 있는 것은 바람직하지 않다. 『논어』에 나오는 공자와 제자의 대화를 들어 보자.

"군대, 식량, 신뢰 중에서 한 개를 버려야 한다면 무엇을 버려야 합니까?"

"군대를 버려라."

"또 한 가지를 버려야 한다면 무엇인가요?"

"식량을 버려라. 신뢰가 없어지면 나라가 다스려지지 않기 때문이다."

그런데 공자의 말씀을 왜곡하는 주장들이 있다. 공자는 힘의 정치를 반대하였으므로, 군대는 가장 먼저 버려야 할 것이라고 말한다. 군대를 폄하하면서, 국방을 강화하는 것이 긴장 조성의 원인이라고 주장하는 사람들이 있다. 다른 예를 들어 보자. 어린아이에게 삼촌이 묻는다.

"엄마가 좋아? 아빠가 좋아?"

아이는 '엄마도 좋고 아빠도 좋은데 삼촌은 어찌 이렇게 짜증나는 질문을 하실까?'라고 생각하면서 "엄마."라고 대답한다. 삼촌은 "어, 그래? 그럼 너는 엄마를 좋아하고, 아빠는 싫어한다는 말이지?"라고 말장난을 친다. 마침내 "빵!"하고 울음이 터진다.

이런 대화가 어른들 사이에서 오간다면 악의적이다. 이쯤 되면 "나에게 한 문장만 달라. 그러면 누구든지 범죄자로 만들 수 있다."라고 말했고, 나치 정권의 선전 선동 책임자로 최후까지 히틀러를 보좌했던 요제프 괴벨스(1897~1945) 수준이다.

공자는 군대, 식량, 신뢰는 나라에 꼭 필요한 것이지만, 신뢰가 없으면 나라를 다스릴 수 없다는 의미로 신뢰를 강조한 것이지, 군대가 불필요하니 가장 먼저 없어져야 할 것이라고 주장한 것은 아니다. 어느 나라든지 군인에 대한 평판이 좋지 않은 것은 바람직하지 않다. 일부 정치군인, 부패한 군인이 있다면 마땅히 솎아내야 하지만, 국방을 소홀히 생각하고 군인을 폄하하는 것은 곤란하다.

미군 해병대원으로 6·25전쟁에 참전한 마틴 러스는 자신의 저서『브레이크아웃』에서 1950년 겨울 장진호 전투의 상황을 생생하게 전해 준다. 미 해병대가 원산에서 시작해서 장진호까지 진격했으나, 중공군에 포위당해 전멸할 위기에 몰렸다가 극적으로 탈출하여 흥남에서 배를 타고 철수하는 이야기다. 이때 제1해병사단장 스미스 소장은 명언을 남긴다.

"후퇴라니! 우리는 다른 방향으로 공격 중이야."

포위당해 있을 때는 후퇴가 아니고, 돌파하기 위해 공격해야 한다는 의미이다. 자유의 이름으로 알지도 못하는 한반도에 파병되었고, 살을 파고드는 영하 30도의 추위 속에서 임무를 완수하려는 모습, 중공군의 포위망을 뚫고 전우의 시신을 지키기 위해 전력을 기울이는 해병대의 모습, 흥남에서 10만 여 명의 피난민을 수송선에 태워 탈출시키는 장면에서 진한 감동을 느낄 수 있다. 흥남 철수 장면은 영화 〈국제시장〉에서도 실감나게 표현되고 있다. 실제 전쟁이 얼마나 비참한지, 동맹이 왜 필요한지, 전우애가 무엇인지, 가족과 국가가 왜 소중한지 실감하고 싶은 분들에게 꼭 읽을 것을 권해 드리고 싶다.

『누구를 위하여 종을 울리나?』, 『무기여 잘 있거라』 등 전쟁을 소재로 많은 소설을 쓴 노벨문학상 수상자 헤밍웨이도 해병대원에 대한 깊은 존경을 표시했다. 미국 국민에게 군인은 자부심이고 존경의 대상이다. 평화는 말로 지켜지는 것이 아니며, 자유는 공짜가 아니라는 것을 잘 알기 때문이다.

조선시대 선조는 임진왜란이 일어나기 전에 일본의 상황을 파악하기 위해 통신사를 파견한다. 서인이며 통신사 상사인 황윤길은 일본 침략에 대비해야 한다고 보고하는데, 동인이며 통신사 부사인 김성일은 침략 조짐이 없다고 보고한다. 같이 통신사로 갔는데도 서로 딴소리를 한다.

나중에 유성룡이 김성일에게 은밀히 물어보니, 김성일이 속내를 말한다. 침략의 조짐이 있지만, 서인인 황윤길의 주장이 강경해서 잘못하면 민심이 동요될까 봐 침략 조짐이 없다고 보고했다는 것이다. 이쯤 되면 정신 나간 사람 아닌가? 당파 싸움 때문에 국익을 팽개치고 국방에 대한 안이한 대처가 조선의 비극이었으며, 결국 임진왜란을 막지 못했다는 점을 다시 한 번 상기해야 한다.

상나라처럼 아무리 군인의 수가 많아도 국가 최후의 보루인 군인의 마음이 돌아서면 나라는 이미 망한 것이다. 군인에게 국가가 제공할 수 있는 최고의 무기를 주고 신뢰를 보낼 때, 군인 스스로 가족, 국민 그리고 국가를 지키겠다는 마음이 우러날 때, 외부의 침략을 막아 내고 평화를 지키고 자유를 누릴 수 있는 것이다.

4

세상 돌아가는 이치를 알아야

| 백이, 숙제 |

　백이(伯夷)와 숙제(叔齊)는 두 명의 임금을 섬길 수 없다고 하여 수양산에 들어가 고사리를 캐 먹다 굶어 죽은 의인(義人)으로 널리 알려져 있다. 사마천도 『사기열전』에서 "백이 · 숙제는 의(義)를 지켰고, 임금 자리를 형제간에 서로 양보하고, 굶어 죽으니 천하가 그들을 칭송했다."라고 긍정적으로 평가했다.

　「백이열전」을 간략하게 요약하면, 백이와 숙제는 고죽국(孤竹國: 현재 하북성 부근)이라는 작은 나라의 왕자들이다. 고죽국 왕은 평소에 셋째 아들 숙제에게 왕위를 물려준다고 했다. 왕이 죽자 숙제는 맏형인 백이에게 왕위를 양보하였으나, 백이는 아버지의 뜻을 따라야 한다고 하면서 도망쳤다. 이에 숙제도 왕위에 오르지 않고 도망쳤고, 결국 남아 있는 둘째 아들이 왕위에 오르게 되었다.

　백이와 숙제는 서백창(주나라 문왕)이 노인들을 잘 대우한다는 말을 듣고 찾아갔다. 그러나 서백창은 이미 죽고 그의 아들 무왕(武王)이 상(商)나라 주왕(紂王)을 정벌하려고 떠나고 있었다. 백이와 숙제는 무왕의 길을 가로막으며 말했다.

"부친의 장례도 치르기 전에 전쟁을 일으키니 어찌 효자라고 할 수 있겠습니까? 신하가 임금을 죽이려 하니 어찌 어질다고 하겠습니까?"

무왕의 호위 군사가 백이와 숙제를 죽이려 하였으나, 강태공이 그들은 의로운 사람이라고 하면서 보내 주었다. 무왕은 폭군인 상나라 주왕을 죽이고 주(周)나라를 세우니 주위의 제후국들은 주나라를 종주국으로 섬기게 되었다. 그러나 백이와 숙제는 이를 부끄럽게 여겨 수양산에 들어가 고사리를 캐 먹으며 살다가 굶어 죽었다. 사마천은 백이와 숙제처럼 의로운 사람이 죽은 것에 대하여 과연 천도(天道)가 있느냐며 애석해했다.

공자의 제자 중에 안회는 학문을 좋아했지만 젊어서 죽고, 도척이라는 도적은 사람까지 잡아먹으면서도 천수를 누리니 불공평하다고 하늘을 원망하기까지 했다. 그러나 초야에 숨어 지내는 훌륭한 선비들의 이름이 알려지지 않음을 안타까워하면서도, 백이와 숙제 그리고 안회를 공자가 칭송해 주어 그 이름을 후세에 전한 것으로 위안을 삼았다. 사마천은 공자의 뜻을 받들어 백이와 숙제의 이야기를 『사기열전』의 첫 장에 썼던 것이다.

| 스캔하기 |

백이와 숙제는 2천 년 전의 가치 기준에서 보면 의로운 행동을 한 사람으로 볼 수 있다. 그러나 21세기의 상식으로 보면 현명하

지 못한 구석이 많아 공자와 사마천의 평가에 토를 달지 않을 수 없다.

우선 왕위 계승 문제와 관련하여 따져 보자. 백이가 아버지의 뜻에 따라 도망간 것은 이해가 간다. 그러나 숙제가 도망간 것은 어이가 없다. 아버지로부터 왕위를 계승하고 백성을 잘 다스리라는 엄명을 받은 숙제가 이 막중한 책임을 가벼이 여기고 무책임하게 훌쩍 떠나버렸는데 어찌 칭송받을 수 있단 말인가?

두 번째, 무왕의 앞길을 막고 은나라 주왕을 옹호하는 백이와 숙제의 행동은 당시 돌아가는 상황을 몰라도 너무 모른다. 주왕의 폭정에 대해서는 이미 3장에서 설명하였다. 그런 폭군을 제거하지 않고 백성들은 그냥 참고 죽어 가는 것이 백이와 숙제가 말하는 충(忠)이고 불사이군(不事二君)의 정신이란 말인가? 더군다나 주(周)나라가 어떤 나라인가? 공자가 본받고 싶어 한 이상적인 국가 아닌가? 백이와 숙제는 형식적인 충성과 효도의 틀에 갇힌 나머지 국제 정세를 이해하는 안목이 없었고, 백성들의 어려움을 외면한 채 그저 산속에 숨어 사는 은자(隱者)가 아닌가?

마지막으로 조금 과학적인 이야기를 하고자 한다. 고사리는 영양분이 풍부하고 면역력을 강화시켜 주는 성분이 풍부하지만, 발암물질이 포함되어 있어 유럽과 미국 등에서는 식용을 금지하고 있다. 그러나 생고사리에 있는 발암물질은 물에 잘 녹고 열에 약해 삶아서 물에 불린 후 요리해 먹으면 인체에 무해하다. 우리의 조상은 이렇게 조리해서 먹고 제사상에 올렸던 것이다. 백이와 숙제가 이러한 지식을 알고 있었는지는 알 수 없다. 백이와 숙제가 굶어 죽었다고 하지만, 아마도 암에 걸려 죽었을지도 모를 일이다.

사마천은 의리와 충효의 정신을 강조하고자 「백이열전」을 『사기열전』의 맨 앞에 놓았다. 그러나 21세기에 『사기열전』 개정판을 쓴다면 「백이열전」을 열전의 맨 앞에 놓지는 않을 것 같다.

5

웃다가 억울하게 죽은 궁녀들

| 손자 |

손자(孫子)는 제(齊)나라 사람으로 무(武)라고 불렸다. 오(吳)나라 왕 합려(闔閭)는 손자(孫子)가 쓴 『손자병법(孫子兵法)』을 좋아하였다. 오자서(伍子胥)가 손자를 합려에게 추천하였고, 합려는 손자를 만나 말했다.

"그대가 쓴 13편의 병법을 이미 읽었소. 그 병법에 따라서 궁녀들도 훈련시킬 수 있겠소?"

손자는 이런 뚱딴지같은 질문에 할 수 있다고 대답했고, 사태는 엉뚱하게 전개된다. 합려가 180명의 궁녀를 선발하여 보내니 손자는 첫 데뷔 무대에서 무엇인가 보여 주어야만 했다. 손자는 180명의 궁녀를 90명씩 둘로 나누어 부대를 편성하고 합려가 총애하는 궁녀 두 명을 각 부대의 대장으로 임명하여 제일 앞에 세웠다. 손자는 궁녀에게 무기를 들게 하고 말하였다.

"너희들은 앞, 뒤, 왼쪽, 오른쪽의 방향을 알겠지?"

궁녀가 안다고 대답하자 손자가 다시 말하였다.

"'앞으로'라고 구호를 하면 가슴이 향하는 방향으로 몸을 돌리고, '뒤로 돌아'라고 구호를 하면 등이 향하는 방향으로 몸을 돌리고, '좌향좌'라고 구호를 하면 왼쪽 손이 있는 방향으로 몸을 돌리고, '우향우'라고 구호를 하면 오른쪽 손이 있는 방향으로 몸을 돌린다. 알겠는가?"

궁녀는 모두 알겠다고 대답했다. 손자는 궁녀에게 군율(軍律)을 설명하고, 군율을 지키지 않을 경우 어떻게 처형되는지도 알려 주었다. 또한 궁녀들이 훈련하는 훈련장 앞에 군법을 위반한 자에게 형을 집행하는 형틀도 가져와 군법의 엄격함을 보여 주었다. 손자는 이제 모든 준비가 완료되었다고 판단하여 궁녀를 향하여 "우향우"라고 구호를 외쳤다. 궁녀들은 손자의 명령에 따라 몸을 오른쪽으로 돌리지 않고 서로 마주보며 웃기 시작하였다. 마치 오락 시간에 장난치는 아이들 같았다. 손자는 궁녀를 향하여 다시 한 번 설명한다.

"명령이 정확하게 전달되지 않았다면 그것은 나의 잘못이다. 나는 다시 한 번 너희들에게 훈련 방법을 설명한다. 명령이 정확하게 전달되었지만 이를 따르지 않는다면 이는 명령을 따르지 않은 자의 책임이다. 명령을 따르지 않는 자가 있으면 군법에 따라 처형할 것이다."

손자는 다시 한 번 "우향우"라고 외쳤다. 그러나 궁녀는 여전히 서로 마주 보고 웃으며 손자의 명령에 따르지 않았다. 손자는 군법에 따라 두 명의 대장 궁녀를 처형하고자 하였다. 합려가 멀리서 이 광경을 보고 깜짝 놀라 사람을 급히 보내 손자에게 말을 전하였다.

"나는 이미 손 장군이 용병에 뛰어난 능력이 있다는 것을 알았소. 내가 총애하는 그 두 명의 궁녀가 없다면 음식을 먹어도 맛을 모를 것이오. 제발 참형만은 면해 주시오."

사마천이 언급하지 않았지만 손자가 그 순간 무엇을 고민하였는지 상상해 보자. 대장 궁녀를 처형하지 않는다면 궁녀를 훌륭한 여군으로 훈련시키지는 못했을 것이고, 손자는 초장부터 꼴이 우습게 될 것이다. 궁녀를 죽인다면 손자의 목숨은 보장하지 못하게 될 것이다. 이 일을 어찌하면 좋을 것인가! 당시 오나라는 인접 나라와 전쟁 상태였기 때문에 유능하다고 인정받는 장군을 쉽게 처형하지 못할 것이라고 손자는 판단했을 것이다. "못 먹어도 고", 손자는 목숨을 건 승부수를 던진다.

"신은 명을 받아 장군이 되었습니다. 장군이 군영에 있을 때는 군왕의 명령을 모두 따를 필요는 없습니다."

손자는 두 명의 대장 궁녀를 참형에 처하였다. 그리고 다시 두 명의 궁녀를 골라 대장으로 임명하고 훈련을 시작하였다. 훈련장의 분위기는 완전히 달라졌다. 궁녀는 자신의 목숨을 보전하기 위해 필사적으로 명령대로 움직였다. 처음에는 너무 긴장한 궁녀의 실수가 일부 있었지만, 얼마 지난 후 궁녀들은 명령에 따라 일사불란하게 움직였다. 어느 순간, 궁녀들은 죽음도 두려워하지 않는 용사가 되어 있었다. 손자가 합려에게 보고하며 말하였다.

"궁녀는 이미 완벽한 군인으로 변했습니다. 폐하께서 직접 오셔서 확인해 주십시오. 폐하가 불 속에 뛰어들라고 명령하셔도 궁녀들은 이를 두려워하지 않을 것입니다."

오왕 합려는 두 명의 궁녀가 처형당한 것에 상심하여 건성으로 대답했다.

"장군은 돌아가 쉬도록 하시오. 나는 지금 그것을 확인할 기분이 아니오."

손자는 오왕이 자신이 쓴 병법을 좋아할 뿐 그 내용을 깊이 이해하지는 못한다고 아쉬워했다.

| 스캔하기 |

궁녀들이 손자의 훈련을 받는 것처럼, 그런 훈련을 30여 년 전 훈련소에서 지겹도록 받았던 기억이 난다. 지금도 비슷할 것이다. 의문이 생긴다. 왜 그럴까? 왼쪽으로 돌고, 오른쪽으로 돌고 하는 너무나 쉬운 동작들. 말을 못 알아듣든가, 생각한 대로 몸을 움직이지 못하면 입대가 불가능하다. 당연히 할 수 있는 동작들을 수도 없이 반복하는 것이 전투에 얼마나 도움이 될까?

뉴욕대학교 심리학과 교수인 개리 마크스는 『클루지』라는 책을 통해 생각이 뇌에서 어떻게 작동되는지를 설명한다.

"진화는 우리에게 상이한 능력을 지닌 두 체계를 남겨 주었다. 하나는 틀에 박힌 일을 처리할 때 뛰어난 능력을 발휘하는 반사체계이고, 다른 하나는 틀을 벗어나 생각할 때 유익한 숙고체계다. 우리가 이 두 체계의 장단점을 인식하고 조화를 꾀할 때, 우리의 결정이 편향되기 쉬운 상황들을 밝혀내고 이런 편향을 극복할 전

략을 마련할 수 있을 때, 우리는 궁극적으로 지혜로워질 수 있을 것이다."(149쪽)

뇌의 구조 중 반사체계는 가장 먼저 만들어져서 뇌의 안쪽에 위치하고 있으며, 즉각적으로 반응하면서 생존에 필요한 기능을 담당한다. 인간 같은 영장류에 발달되어 '영장류의 뇌'라고도 하는 숙고체계는 가장 나중에 만들어져서 뇌의 바깥쪽에 위치하고 있으며, 반응하는 데 시간이 걸린다.

군대에서 신참 병사에게 동일한 동작을 반복적으로 훈련시키는 것은 바로 이 반사체계를 극대화하는 과정이다. 주위에 죽음이 기다리는 전장(戰場)에서 반사체계처럼 명령에 즉각 작동되지 않으면 누가 적진을 향하여 앞으로 나가겠는가? 지휘관의 명령이 떨어지면 생각 없이 불 속에라도 뛰어들어야 반사체계 훈련이 완성되는 것이다.

로마시대에도 이렇게 훈련된 병사들이 긴 창을 들고 밀집대형으로 대열을 유지하면서 전진했고 세계를 제패했다. 그러나 함께 전진하는 방식은 미국 남북전쟁 때 수많은 병사들이 전사하면서 사라지게 된다. 총의 성능이 좋아지면서, 지휘관의 돌격 명령에 떼로 몰려가는 것은 자살 행위가 되었기 때문이다. 반면, 지휘관이 될수록, 지휘해야 할 병사가 많은 지휘관이 될수록 반사체계보다는 제반 상황을 고려하여 최선의 선택을 하고 명령을 내리는 숙고체계가 발달되어야 전투에서 승리할 수 있다.

손자는 반사체계, 숙고체계라는 개념은 몰랐지만, 일선 병사는 명령에 따라 즉각 움직여야 승리한다는 것을 체득하고 있었던 것이다. 그런데 그런 훈련을 여성에게 시키는 것이 과연 적절했는지는 따져 보아야 한다.

원시시대에 남자와 여자의 분업은 자연스럽다. 힘이 센 남자는 큰 동물을 사냥했고, 다른 부족과의 싸움에도 앞장섰다. 힘이 상대적으로 약한 여자는 아이를 낳고 기르는 집안일과 과일을 따는 등 식물에서 식량 구하는 일을 했다. 전쟁은 당연히 남자의 몫이고, 패전국의 여자는 승전국 남자들의 전리품이 되기도 한다. 그러나 여자가 전사로 키워지는 예외적인 경우도 있었다.

고대 스파르타에는 노예가 스파르타인보다 10배 정도 많았다. 남자 전사(戰士)는 7세부터 60세까지 거의 평생 군사 훈련을 받으며 전쟁에 나가 스파르타의 이름을 드높였다. 그러나 남자 전사가 전쟁에 동원되어 나가고 나면 스파르타에는 어린이, 노인, 여자만 남게 된다. 호시탐탐 기회만 노리고 있던 노예의 폭동이 두려웠던 스파르타는 강한 여자 전사를 양성해서 노예를 통제하고 스파르타를 안정되게 지켜 나갔다.

2차 세계대전 이전까지는 대부분의 나라에서 여군의 활약은 눈에 띄지 않는다. 전쟁에서 창, 칼 등의 무기를 사용하려면 힘이 필요하고, 여성은 남성에 비해 불리했기 때문이다. 1차 대전 이후, 전쟁 무기의 발달이 급속도로 진행되면서 여성도 군대에서 중요한 역할을 차지하기 시작한다. 전투기 조종사, 탱크 운전사, 저격수 등 많은 분야에서 여군이 큰 전공(戰功)을 올릴 수 있게 되었다.

세계에서 최정예 부대를 자랑하는 이스라엘에서 남자는 3년, 여자는 2년간 의무적으로 군복무를 해야 한다. 여군이 모든 병과에서 큰 역할을 할 수 있는 것은 무기의 발전과 밀접한 연관이 있다. 21세기의 전쟁은 최첨단 무기와 전쟁 로봇의 수준에 따라 승패가 결정된다. 『하이테크 전쟁, 로봇 혁명과 21세기 전투』의 작가 피터 W. 싱어는 말한다.

"어느 분석가가 설명했듯, 미래에는 군의 기능 수행에 있어서 팔굽혀펴기를 100회 할 수 있는 능력보다 '튼튼한 방광과 커다란 엉덩이가 보다 도움이 되는 신체적 특성일 수 있다.'"(522쪽)

여자 군인이 남자 군인보다 불리할 것이 거의 없는 시대가 되었다. 전 세계적으로 여군의 인원이 증가하고 있고 활동 범위도 확대되고 있다. 대한민국도 여군이 1만 명을 넘어섰고, 여군 10여 명이 별을 달았다.

「손자열전」에서 합려가 '궁녀로 훈련을 시킬 수 있냐?'는 어리석은 질문을 하고 손자는 '할 수 있다'는 어리석을 대답을 했다. 우문우답(愚問愚答)의 결과, 궁녀 두 명이 억울하게 죽었을 뿐이다. 명령을 내리면 불 속에라도 뛰어 들어가도록 훈련받은 궁녀들이 전쟁에 나가 공을 세웠다는 이야기는 들어 보지 못했다. 그냥 합려 앞에서 보여 주고, 178명의 궁녀부대는 그 자리에서 해산되었을 뿐이다. "이-게에 뭡니까?"라는 소리가 절로 나온다.

손자는 궁녀가 아니라, 남자로 구성된 오합지졸을 강력한 군대로 만들어 보겠다고 제안했다면 어땠을까? 손자의 능력을 보여 주는 진검승부가 펼쳐졌을 것이다. 만화 〈공포의 외인구단〉처럼 오합지졸을 최강의 정예부대로 만들어 전공을 올려야 손자답지 않았을까? 궁녀를 훈련시킨 이야기는 위대한 『손자병법』을 저술한 손

자를 대표하기에는 부족해 보인다. 21세기에 사마천이 다시 태어
난다면 「손자열전」을 다른 이야기로 쓰고 싶어 할 것 같다.

6

경쟁을 즐기자

| 한비자, 이사, 손빈, 방연 |

경쟁은 피할 수 없는 삶 자체이다. 그러나 잘못된 경쟁으로 주위 사람에게 피해를 주는 경우가 종종 발생한다. 첫 번째 이야기의 주인공은 이사(李斯)다. 그는 초(楚)나라 사람으로 작은 마을에서 낮은 관직으로 일하고 있었다. 그러던 중 우연히 화장실에서 살아가는 쥐와 곡간에서 살아가는 쥐를 비교해 보면서 큰 깨달음을 얻는다.

화장실에서 살아가는 쥐는 더러운 환경에서 불안한 마음으로 살아가면서, 사람이 화장실 문을 열고 들어오면 급히 도망갔다. 그러나 곡간에서 살아가는 쥐는 주위 환경이 좋고 먹을 것이 풍부하여 살이 쪘고, 사람이 나타나도 도망가지 않고 계속 곡식을 먹고 있었다. 이를 통해 사람도 쥐와 같이 주위의 환경에 따라 많은 영향을 받게 된다는 사실을 깨달았다.

이사는 큰 뜻을 이루기 위해 고향을 떠나 순자(荀子) 밑에서 법가의 이론을 공부한다. 이사는 총명했으므로 빠른 시일 내에 공부를 마치고 하산하여 진(秦)나라로 갔고, 여불위(呂不韋)에 의하여 추천되고 중용되었다. 어느 날 진나라 왕이 한비(韓非)의 글을 읽고 감탄하며 말하였다.

"만일 한비와 함께 천하를 이야기할 수 있다면 여한이 없겠다."

한비(韓非)는 한(韓)나라 사람으로, 말하는 것이 서투르지만 글쓰는 재주가 아주 뛰어났다. 진왕이 한비를 얻기 위해 한나라를 공격하려고 하자, 한나라는 한비를 진나라에 사신으로 파견하여 위기를 모면하려고 한다. 이사가 진나라에서 중용되어 벼슬을 하고 있을 때 한비가 왔던 것이다. 한비는 과연 진왕의 마음을 사로잡는다.

한비는 이전에 순자 밑에서 이사와 함께 공부했던 동창생이다. 이사는 공부하는 동안 자신이 한비보다 못하다고 생각하였다. 열등의식은 한비를 보는 순간 질투심으로 변하였고, 한비에게 자신의 자리를 빼앗기지 않을까 하는 불안감에 휩싸였다. 잘못된 경쟁심에 사로잡힌 이사는 요고(姚賈)와 함께 진왕에게 한비를 모함하였다.

"한비는 한나라 공자이므로, 한비는 무슨 일을 하든지 한나라를 먼저 생각할 것입니다. 구실을 만들어 화근을 제거하여야 합니다."

진왕은 이사의 건의를 받아들여 한비를 옥에 가두었다. 한비는 감옥에서 울분을 토하면서 이사가 보낸 독약을 마시고 죽었다. 후에 진왕이 마음을 바꾸어 한비를 사면하려고 사람을 보냈지만 한비는 이미 죽고 없었다.

한비는 사물의 이치를 파악하고 상황을 이해하기는 어렵지 않지만 사람의 마음을 읽는 것이 어렵다고 말했다. 그러므로 항시 말과 행동을 조심하고 목숨을 잘 보존해야 자신의 뜻을 이룰 수 있다고 이야기하였다. 한비가 쓴 『한비자(韓非子)』에 나오는 이야기를 소개한다.

"미자하(彌子瑕)가 위(衛)나라 왕과 함께 과수원을 걷고 있었다. 미자하는 팔을 뻗어 복숭아를 따서 한입 깨물었다. 그 복숭아가 얼마나 달고 맛있었는지 자신이 한입 먹었던 복숭아를 왕에게 건네주며 먹어 보라고 했다. 왕은 그 복숭아를 먹으면서 생각했다. 이렇게 맛있는 복숭아는 이제까지 먹어 본 적이 없다. 만일 미자하가 나에게 권하지 않고 혼자 다 먹어 버리면 나는 그 복숭아가 얼마나 맛있는지 몰랐을 것이다. 그러나 그는 단지 한입만 먹고 나에게 주었으니 충성이 얼마나 지극한가? 많은 세월이 흘러 왕이 미자하를 더 이상 총애하지 않게 되었다. 왕은 옛날에 과수원에서 미자하가 한입 먹다 건네준 복숭아를 떠올리며 생각했다. 흐음! 무엄하게도 자신이 먹던 복숭아를 감히 나에게 먹으라고 주다니."

사실은 변한 것이 없다. 단지 사람의 마음이 변했을 뿐이다. 한비는 사람의 마음을 읽는 것이 얼마나 중요한지 강조했다. 그러나 한비는 친구의 마음을 읽지 못하고 결국 함정에 빠져 목숨을 잃는 화를 피하지는 못했다. 한편 정당하지 않은 방법으로 친구와의 경쟁에서 이기려 했고 승상의 자리까지 올라간 이사는 결국 모반죄에 연루되어 억울하게 능지처참을 당하게 된다.

경쟁을 잘못 이해하고 친구를 속인 이야기의 두 번째 주인공은 방연(龐涓)이다. 그는 손빈(孫臏)과 함께 귀곡(鬼谷) 선생의 가르침을 받았다. 방연은 귀곡 선생의 가르침을 마치고, 위(魏)나라에 가서 대장군에 중용된다. 방연이 병사를 훈련시키고 통솔하는 데 뛰어난 능력을 발휘하고 전쟁에서 많은 승리를 거두자, 위혜왕(魏惠王)은 방연을 더욱 중용하게 된다. 그러나 방연의 마음속에 한 가지 근심이 있었다. 귀곡 선생의 가르침을 받는 동안 자신이 손빈보다 못하다는 생각을 떨칠 수 없었다.

손빈은 제(齊)나라에서 출생했고, 『손자병법(孫子兵法)』을 쓴 손자의 후손이다. 손빈의 이름이 멀리 위나라에까지 알려지자, 위혜왕은 손빈과 함께 국가 대사를 논하고 싶어 했다. 후환을 없애기 위해 손빈을 제거해야만 한다고 생각한 방연은 손빈을 위나라로 초청하고, 위혜왕에게 손빈을 모함한다. 위혜왕은 방연의 말을 믿고 손빈을 옥에 가두라고 명령한다.

방연은 손빈이 제나라로 돌아가 능력을 발휘할 것이 두려워 손빈의 얼굴에 죄인을 표시하는 글자를 새긴다. 당시에는 큰 죄를 지은 사람의 얼굴에 글자를 새겨 모욕을 주었다. 얼굴에 글자가 새겨진 죄인은 창피하여 외출할 수가 없었다. 방연은 이에 그치지 않고 손빈의 발목을 잘라 버렸다. 잔인한 방연은 걷지도 못하는 손빈을 돼지우리에 밀어 넣었다. 돼지우리에 던져진 손빈은 자신의 처지를 생각하니 말문이 막혀 버렸다.

그러던 어느 날, 방연은 손빈에게 병법 책을 쓰라고 강요했다. 이때서야 비로소 손빈은 방연이 자신을 죽이지 않은 이유를 깨달았다. 손빈은 복수를 위해 어떻게 해서든지 이 감옥을 탈출해야만 했다. 손빈은 방연 앞에서 미친 척하였으며, 돼지와 함께 놀면서 돼지 똥도 맛있게 먹는 척하였다. 방연은 손빈이 정말 미쳤다고 생각하고 방심을 하였다.

때마침 제(齊)나라에서 위나라로 사신을 보냈다. 손빈은 제나라 사신과 만날 기회를 만들었다. 제나라 사신은 손빈과 이야기한 후 손빈의 능력이 대단하다고 생각하고, 몰래 제나라로 데리고 갔다.

제나라 장군 전기(田忌)는 손빈을 귀한 손님으로 대접하였다. 전기는 경마를 아주 좋아하였지만 귀족들과의 경기에서 대부분 돈을 잃었다. 손빈은 경마에 참가하는 말들의 특성을 정확하게 분석하고 이기는 작전을 제시한다. 전기는 손빈의 작전에 따라 경마에서 많은 돈을 벌었다. 전기가 손빈을 제나라 위왕(威王)에게 추천하였고, 손빈은 능력을 높이 평가받고 중용되었다.

그로부터 십여 년이 지난 후, 방연은 위나라와 조(趙)나라의 연합군을 이끌고 한(韓)나라를 공격하였다. 한나라는 연합군의 공격을 감당하지 못하고 제나라에 구원병을 요청하였다. 제나라에서는 파병하는 문제에 대하여 의견이 분분하였다. 승상 추기(鄒忌)가 파병에 반대하며 말했다.

"위나라와 한나라의 전쟁에 제나라가 왜 파병을 합니까? 한나라를 도와줄 이유가 없습니다."

대장군 전기(田忌)가 파병을 주장하며 말했다.

"제나라가 파병을 하지 않으면 한나라는 위나라의 공격을 막아내지 못할 것입니다. 한나라가 망하면 제나라도 위험할 것입니다.

당연히 한나라가 망하는 것을 막아야 합니다."

제나라 선왕(宣王)은 선뜻 결정하지 못하였다. 선왕은 손빈을 불러 의견을 물으니, 손빈이 대답하였다.

"승상의 말씀과 전기 장군의 말씀이 다 옳다고 생각됩니다. 파병을 하면 제나라의 희생이 클 것입니다. 파병을 하지 않아 한나라가 망하면 위나라는 제나라에 큰 위협이 될 것입니다."

"그러니, 어찌해야 좋단 말인가? 빨리 대답해 보시오."

"예! 우선 파병하겠다는 결정을 한나라에 전달하십시오. 그리고 한나라와 위나라가 전쟁을 하도록 합니다. 위나라의 전력이 약해지고 한나라가 망하기 일보 직전에 한나라를 구하기 위한 파병을 하면 제나라의 희생을 최소화하고 위나라 군대를 물리칠 수 있을 것입니다."

제나라 선왕은 손빈의 전략에 따라 파병을 결정하였다. 그러나 한나라에 파병한 것이 아니라 위나라로 파병을 하였다. 이 소식이 한나라를 공격하는 방연의 귀에 들어가자, 방연은 한나라 공격을 중지하고 위나라 수도를 포위하고 있는 제나라 군대를 공격하기 위해 한나라에서 철군해야 했다. 위나라 수도에서는 제나라 군대의 공격에 저항하고 있었으며, 방연이 이끄는 군대는 전기가 이끄는 제나라 군대를 후방에서 공격하고자 행군 속도를 높였다.

손빈은 이미 방연의 군대가 추격해 온다는 소식을 알고 있었다. 당시 위나라 군대는 사기가 충천하여 자만심에 차 있었으며 제나라 군대를 우습게 생각하고 있었다. 손빈은 이를 이용하여 방연을 무찌를 전략을 만들었다. 손빈은 방연의 군대와 정면 대결을 피하고 거짓으로 도망가는 척하였다. 방연은 제나라 군대가 위나라 군대를 무서워하여 도망가는 것으로 착각하고 추격 속도를 높였다.

손빈은 방연을 속이기 위해 밥 만드는 아궁이를 줄여 나갔다. 첫째 날에는 십만 명이 먹을 수 있는 아궁이를 만들었지만, 둘째 날에는 오만 명이 먹을 수 있는 아궁이를 만들고, 셋째 날에는 삼만 명이 먹을 수 있는 아궁이를 만들었다. 방연은 아궁이 숫자가 줄어드는 것을 보고, 위나라 군대가 무서워서 제나라의 많은 군사들이 매일 밤 도망가는 것으로 생각했다. 방연은 자만심에 가득 차서 말했다.

"쥐새끼 같은 놈들! 나의 공격을 받고 며칠이 지나지 않아 벌써 군사의 반 이상이 도망을 가다니. 이놈들을 싹 쓸어버리겠다."

빠른 시간 내에 제나라 군대를 완전히 박살내고 싶었던 방연은 보병을 배제하고 정예 기병만을 이끌고 밤과 낮을 가리지 않고 제나라 군대를 추격하였다. 이때 손빈은 이미 방연의 추격 상황을 상세히 파악하고 있었고, 방연의 군대가 언제쯤 마릉(馬陵)에 도착할 것인지도 예측하고 있었다.

2007년에 산동지방을 여행하면서 마릉 전쟁터에 가 본 적이 있다. 마릉의 양쪽에 있는 산은 높지는 않았지만, 들어가는 길이 아주 좁았고 갑자기 산림이 무성하여서 매복하기에 아주 좋은 장소였다.

손빈은 병사들을 시켜 도로 양쪽에 있는 무성한 나무 중에서 눈에 잘 띄는 큼직한 나무를 골라 껍질을 벗기고, 하얗게 드러난 자리에 몇 글자를 쓰게 했다. 그리고 마릉 계곡 양쪽에 매복한 사수들에게 명령하였다.

"오늘 밤 매복하고 있다가 산 아래에서 불빛이 보이면 그곳을 향하여 동시에 화살을 쏘아라."

그날 밤, 방연이 이끄는 정예 기마부대가 마릉에 도착하였다. 제반 사정을 고려하지 않고 정신없이 제나라 군대를 추격해 온 것이다. 그러나 마릉에 도착한 이후, 불길한 예감이 들었다. 위나라 군사들은 말에서 내려 주위의 상황을 살펴보았다. 그날은 유난히 어두워서 주위의 상황을 살피기가 어려웠다.

이때 방연이 눈에 띄는 큰 나무를 발견한다. 그 나무는 껍질이 벗겨져 있었고 무슨 글자가 쓰여 있었다. 그러나 무슨 글자인지 명확하지 않았다. 방연은 병사를 불러 무엇이라고 쓰여 있는지 확인하라고 명령을 내렸다. 병사가 불을 밝히고 보니 "방연 이 나무 앞에서 죽다."라고 쓰여 있었다. 방연은 깜짝 놀라 손빈에게 속았다는 것을 알았다.

그때 매복해 있던 사수들이 방금 본 불빛을 향하여 비 오듯 화살을 쏘아댔다. 위나라 군사들은 그곳에 갇혀 도망가지도 못하고 우왕좌왕하다 죽어 갔다. 방연은 칼을 꺼내 자살을 하면서 외쳤다.

"내가 손빈의 이름을 널리 알리게 해 주는구나."

손빈에 대한 열등의식을 떨쳐 버리지 못하고 경쟁을 잘못 이해(理解)하고 살아왔던 방연, 그는 이렇게 최후의 순간을 맞이했다. 제나라가 손빈에게 큰 벼슬을 내렸지만, 손빈은 이를 사양하고 산속에 들어가 은둔 생활을 하면서 병법서 저술에 전념한다.

귀곡 선생 밑에서 방연과 손빈이 공부했던 일화(逸話)를 소개한다. 어느 날 귀곡 선생이 만 원(현재 시세로 추정한 작은 금액)으로 방 안을 가득 채우라고 숙제를 주었다. 방연은 값이 싼 지푸라기를 사서 방 안을 채웠다. 손빈은 촛불을 사서 밝히니 방 안이 밝아졌다. 귀곡 선생은 손빈의 손을 들어 주었다.

그러나 몇 시간이 지나 촛불이 꺼지고 어두워지면 방연이 승리 했다고 볼 수도 있는 것 아닌가? 귀곡 선생의 편향된 가르침은 방 연이 점점 열등감을 느끼고, 수단과 방법을 가리지 않고 경쟁에서 이기겠다는 삐뚤어진 경쟁 심리에 영향을 미쳤을 것이다.

| 스캔하기 |

한국의 한 초등학교 운동회에서 있었던 이야기다. 달리기 시합 을 하다 2등으로 달리던 학생이 넘어지자 1등으로 달리던 학생이 돌아와서 2등 학생을 일으켰고, 3등과 4등 학생 모두 넘어진 학생 을 부축해서 결승선을 동시에 통과했다. 방송에서는 경쟁하지 않 고 서로 도와준 마음을 훈훈하다고 칭찬했다.

초등학교 운동회에서 발생했을 때에는 이 같은 일이 칭찬받을 수 있다. 그러나 거기까지다. 우사인 볼트가 100미터 달리기에서 2등으로 달리던 선수가 넘어졌다고 그 선수와 함께 들어오면 칭찬 받을 수 있을까? 성인이 되면서 점점 경쟁에 적응하고 경쟁을 즐 겨야 한다.

한비자가 죽고 손빈의 발목이 잘리는 이야기를 읽고, 혹시 반에 서 1등하는 학생이 있다면 2등하는 학생의 얼굴을 떠올리면서 불안한 느낌을 가질 수 있다. 조금 더 깊이 생각하다 보면 1등하지 말겠다는 생각이 들 수도 있다. 그러나 전혀 그럴 필요는 없다. 이 사나 방연의 이야기는 예외적인 경우이다. 우정을 보여 주는 사례가 보편적이며 고사성어로도 많이 전해 오고 있다. 관포지교(管鮑之交), 문경지교(刎頸之交), 수어지교(水魚之交) 등 아주 많다.

좋은 친구를 사귄다는 것은 아주 소중한 것이다. 특히 중·고등학교 그리고 대학교 때 친구가 계속해서 좋은 친구로 유지된다면 그보다 더 행복한 것은 없을 것이다. 이제부터 이사나 방연 같은 배신자는 잊어버리고, 피할 수 없는 경쟁을 어떻게 맞이해야 하는지 생각해 보자.

경쟁은 피곤한 것이고 스트레스를 받으니, 경쟁 없는 곳에서 살고 싶다고 말하는 사람들이 있다. 그러나 경쟁은 피할 수 없는 현실이다. 경쟁 없는 세상에서 행복하게 살겠다는 것은 환상이다. 내가 현재 살아 있다는 것 자체가 경쟁에서 이긴 결과이기 때문이다.

137억 년 전 빅뱅으로 우주가 탄생하고, 45억 년 전 태양계와 지구가 탄생하고, 38억 년 전 지구상에 생명체가 출현하고, 그리고 내가 존재하기까지 수많은 순간마다 경쟁에서 이긴 결과가 바로 나 자신인 것이다. 중간에 진 경우도 있겠지만 이긴 경우의 합이 바로 나 자신이다. 경쟁에서 계속 지기만 하고 한 번도 이기지 못했다면 존재할 수 없는 것이 세상 이치다.

기간을 짧게 잡고 생각해 보자. 나는 부모로부터 태어났다. 부부의 인연은 수많은 경쟁에서 이긴 결과로 맺어진다. 그리고 하룻밤에 임신에 성공한다고 해도 정자 기준으로 보면 3-4억 대 1의 경쟁에서 승리한 것이다. 또한 태아가 10개월간 자궁에서 자라서 세상 밖으로 나오기 위해 수많은 경쟁을 통과해야 한다.

하버드대 정신과 교수 존 레이티가 쓴 『뇌, 1.4킬로그램의 사용법』에 의하면 생존하기 위해 몸속에서 무한 경쟁이 벌어지고 있음을 소개하고 있다.

"임신 후기 중 세포들이 죽는 시기가 있는데, 이때 두뇌에서 거의 절반의 뉴런이 사라진다. 두뇌의 부양 세포와 분자에 의해 잡아먹히거나 식균되어, 약 2천억 개의 뉴런이 1천억 개로 감소한다. 그러나 놀랄 필요는 없다. 이러한 수많은 세포의 죽음은 정상적인 일이기 때문이다. 이를 통해 효과적이며 적절한 두뇌 기능을 방해하는 미약하고 잘못된 연결을 제거한다. 이는 놀라운 진화의 효율성을 보여 주는 전형적인 예이며, 덕분에 인간은 적응력이 매우 뛰어난 생명체가 되었다."(42쪽)

"에덜먼과 동료들은 '신경 진화론' 또는 '뉴런군 선택'이론을 발전시켜 왔다. 이러한 모델로 설명하자면, 세상에 관한 범주를 나누고 적응하는 능력은 두뇌에서 뉴런의 자연선택이 일어난 결과다. 즉, 세포의 성장, 죽음, 강함과 약함에 따른 세포들 간의 경쟁의 결과인 것이다. 결과적으로 조직체의 생존에 도움을 주는 뉴런군은 번성하고 강한 연결은 발달되는 반면, 사용되지 않는 것은 소멸한다. 이러한 진화는 개개인의 평생 동안 계속된다."(198쪽)

지금도 우리의 몸속에서는 매일매일 경쟁이 벌어진다. 바로 자연살해세포(Natural Killer cell), 백혈구, T임파구와 같은 면역세포와 이상세포와의 경쟁이다. 이 싸움에서 면역세포가 이기면 매일매일 만들어지는 이상세포가 제거되어 건강을 유지할 수 있다. 만일 면역세포가 힘이 없어 이상세포를 제대로 제거하지 못하면 병에 걸리는 것이다. 몸속에서 세포끼리 치열한 경쟁에서 면역세포가 승리한 결과가 건강이고 생존이다.

먹을 것이 귀했던 원시사회에서는 대부분의 시간이 먹을 것을 구하는 데 사용되었다. 먹는 것 때문에 부족끼리 싸우고 죽였다. 용감하고, 좋은 무기를 갖고, 환경에 잘 적응한, 즉 경쟁에서 이긴 부족이 살아남는다. 이런 경쟁과 전쟁이 오히려 평화를 가져왔다.

이언 모리스 교수가 쓴 『전쟁의 역설』에 의하면 경쟁을 통해 폭력은 점점 줄어들고, 지구는 점점 안전해지고, 경제는 점점 부강해진다. 전쟁이 국가를 만들고, 국가가 평화를 만든다는 것이다.

"전쟁은 인류를 보잘것없는 석기시대 부족에서 오늘날의 광대하고 세계화된 사회로 옮겨 가게 해 준 유일한 수단이었다. 그 과정에서 10-20%에 달했던 폭력에 의한 살인 비율도 1% 밑으로 내려갔다. 전쟁은 이 행성을 평화롭고 번영하게 만들었다."(618쪽)

춘추 전국시대에는 많은 사상가와 인재가 배출되어 중국이 세계 최고의 국가가 되는 데 기여한다. 유세객들 간에 국가 간에 자유로운 경쟁이 치열했기 때문에 가능했던 것이다. 17-18세기에는 서양에서 큰 변화가 나타난다. 산업혁명으로 먹는 것을 포함해서 생활필수품이 풍부해지기 시작한다. 이 또한 자유 존중과 사유재산 인정으로 경쟁이 발생했기 때문에 가능했던 것이다.

경제학의 아버지 애덤 스미스는(1723-1790)는 『도덕 감정론』에서 행복과 평온에 대하여 이야기한다. 마음의 평온을 위해서는 '건강', '최저 수준의 부(富)', '양심에 거리낌 없는 상태'라는 세 가지가 갖추어져야 한다는 것이다. 그리고 사람은 '지혜로운 사람'과 '연약한 사람'으로 분류된다고 말한다.

'지혜로운 사람'은 '최저 수준의 부'가 충족되면 더 많은 재산이 늘어나도 행복에 큰 영향을 주지 않는다. 이것은 마치 비타민C가 신체에서 작동하는 원리와 유사하다. 비타민C가 부족하면 병에 걸리지만, 과다 공급된다고 몸에 좋은 것이 아니고 몸 밖으로 바로 배출되기 때문이다. 반면 '연약한 사람'은 '최저 수준의 부'가 충족된 후에도 재산이 늘어나면 행복도 따라 늘어난다는 것이다.

정신적인 행복만을 추구하는 사람들은 '최저 수준의 부'가 충족되지 않아도 행복을 느낀다고 하니 예외로 하고, 지금은 '지혜로운 사람'에 대해서 이야기하자. 경제가 발전하면 '최저 수준의 부'를 충족하는 인구가 증가하게 된다. 경제 발전이 중요한 이유이다. 그리고 경쟁이 작동하는 시장경제에서만 경제가 지속적으로 발전한다는 것은 1991년 소련의 붕괴로 확인되었다.

토인비는(1889-1975) 20세기 최고의 책이라는 평가를 받는 그의 저서 『역사의 연구』에서 "도전과 응전"이라는 개념으로 중국의 문명이 비옥한 양쯔 강에서 싹트지 않고, 수시로 범람하는 척박한 황허 강에서 싹텄는지를 설명한다. 경쟁은 역사 발전의 원동력인 것이다.

경쟁의 중요성을 강조하는 재러드 다이아몬드 교수의 저서 『총, 균, 쇠』는 우리나라에서 베스트셀러이며 대학교에서 가장 많이 대출되는 도서 중의 하나이다. 인구가 많은 지역에서는 많은 병균과 경쟁을 통해 많은 종류의 균에 대한 면역력이 강화되었고, 인구가 적은 신대륙에서는 적은 종류의 균에 대한 면역력만 있어서 면역력이 약했다. 결국 유럽인들이 신대륙을 쉽게 정복할 수 있었던 원인 중의 하나는 유럽인의 몸에 있는 병원균을 신대륙 원주민이 이겨 내지 못하고 죽었기 때문이라는 것이다. 또한 유럽이 중국을 앞지르게 되는 계기도 경쟁에서 찾았다. 분권화된 유럽이 경쟁을 통해 과학기술과 경제가 발전한 반면, 통합된 중국은 현실에 안주하며 정체되었다는 것이다.

2015년 노벨 경제학상을 받은 앵거스 디턴 교수는 자신의 저서 『위대한 탈출』에서 경제 성장은 빈부의 격차를 동반하지만 궁극적으로 '최저 수준의 부'를 끌어올려 빈곤으로부터 위대한 탈출이 가능하다는 메시지를 전달한다.

1970–80년대까지만 해도 한국에서 대부분의 집은 양말에 구멍이 나면 꿰매서 신었다. 바지 무릎이나 윗옷 팔꿈치가 해지면 헝겊이나 가죽을 대서 입었다. 그런데 지금은 옷이 해지기 전에 버린다. 그만큼 물자가 풍부해졌다. 배고픔을 걱정하지 않고 살 빼는 걱정을 한다. 경쟁을 통한 경제 발전의 성과다.

아프리카 등 일부 지역을 제외하고는 애덤 스미스가 말한 '최저 수준의 부' 그 이상을 누리고 있다. '지혜로운 사람'이라면 행복을 느낄 수 있을 정도의 부, 즉 '최저 수준의 부'를 누리는 사람의 숫자는 매년 증가하고 있다. 이렇듯 경쟁은 '위대한 탈출'을 계속 만들어 내고 있다. 경쟁은 삶 그 자체이며 행복의 일부분이다.

그러나 경쟁은 정정당당한 방법으로 경쟁할 때만 유효하다. 반칙을 쓰거나 사기를 쳐서 상대방을 제압하는 것은 경쟁이 아니다. 학교 성적이 1등이 아니라도 실망할 것 없다. 성적보다 더 중요한 것은 최선을 다하고 공부하는 즐거움을 느끼는 것이다. 자유민주주의와 시장경제를 추구하는 나라에서는 '지혜로운 사람'이 자신이 좋아하고 잘하는 분야를 찾아서 열심히 노력하면 행복해질 수 있다.

만일 그래도 행복하지 않다면, 그곳에는 경쟁이 정상적으로 작동하지 않기 때문이다. 경쟁은 자연스러운 것이고 편하게 받아들여야 한다. 피할 수 없는 경쟁을 즐기자.

7

투시력과 초음파 검사

| 편작 |

편작(扁鵲)은 발해 지방에서 출생하였으며, 성은 진(秦)이요, 이름은 월(越)이다. 그는 젊었을 때 부잣집에서 손님 접대를 총괄하는 업무를 담당하였으며, 성실한 근무로 능력을 인정받았다. 손님 중에 장상군(長桑君)이라는 사람이 있었는데, 그는 편작이 비범하다고 생각하면서 그 후에도 십여 년 동안 계속해서 편작의 행동거지를 관찰하였다. 어느 날 장상군은 조용히 편작에게 말하였다.

"내게는 병을 치료하는 비방이 있는데, 내가 그대에게 그 비방을 전수코자 하네. 비방을 절대로 다른 사람에게 알려서는 안 되네. 다짐할 수 있겠는가?"

편작은 말씀하신 대로 따르겠다고 장상군에게 대답하였다. 장상군은 품 안에서 탕약 봉지를 꺼내 편작에게 주면서 말하였다.

"이 약을 땅에 떨어지지 않은 이슬에 달여 드시게. 30일이 지나면 투명하게 사람 몸속을 볼 수 있을 것이네."

그 후 장상군은 어디론가 사라지고 나타나지 않았다. 편작은 장상군의 말대로 신통력을 얻어 벽을 투시하여 벽 뒤에 서 있는 사람을 알아보았으며, 환자의 오장육부도 투시력을 통해 눈으로 관찰하면서 성실하게 인술(仁術)을 베풀어 많은 사람들로부터 칭송을 받게 되었다.

편작의 의술이 믿기 어려울 정도의 신통력을 가지고 있다는 일화가 있다. 어느 날, 편작이 제(齊)나라에서 환공후(桓公侯)를 만나서 말하였다.

"공께서는 이미 병환이 있으니 빨리 치료하여야 합니다."

"나는 아주 건강하오. 치료는 무슨 치료를 한단 말이오?"

편작이 가고 난 후, 환공후는 주위 사람에게 말하였다.

"의사라는 자가 병이 없는 사람을 속이면서 돈을 벌려고 하다니, 나를 속이지는 못하지."

며칠이 지난 후, 편작은 환공후를 만나자 다시 말하였다.

"공의 병이 이전보다 더욱 악화되었습니다. 지금 치료하지 않으면, 병환은 더욱 깊어질 것입니다."

이번에도 환공후는 편작의 말을 믿지 않았다. 며칠이 지나서 편작이 환공후를 만났을 때는 아주 심각하게 말하였다.

"곧바로 치료를 해야 합니다. 그렇지 않으면 때를 놓쳐 치료할 수 없게 됩니다."

이번에도 환공후는 편작의 말을 믿지 않았다. 며칠이 지난 후 편작이 저 멀리서 걸어오는 환공후를 보자마자 몸을 돌려 도망갔다. 환공후가 이상하게 여겨 사람을 보내 그 이유를 물어보니, 편작이 대답하였다.

"병이 피부에 있을 때는, 쉽게 치료할 수 있습니다. 병이 악화되어 혈액에 병이 들어도 치료할 수 있습니다. 병이 더욱 악화되어 내장에까지 병이 들어도 치료할 수 있습니다. 그러나 병이 골수에까지 전이되면, 더 이상 치료 방법이 없습니다. 제가 보기에는 환공후의 병이 이미 치료가 불가한 정도까지 악화되었습니다. 그래서 제가 더 이상 치료를 권하지 않고 길을 돌린 것입니다."

며칠이 지나, 환공후는 갑자기 병이 나서 쓰러지자 급히 사람을 보내 편작을 불러오게 하였다. 그러나 편작은 이미 제나라를 떠나고 없었다. 결국 환공후는 건강을 회복하지 못하고 죽었고, 편작의 명성은 더욱 높아졌다. 그 후 편작은 환자가 있다면 아무리 먼 곳이라도 마다하지 않고 환자에게 다가가서 인술을 베풀었다. 백성들이 편작을 칭송하며 말하였다.

"편작은 죽은 사람도 살릴 수 있어."

편작은 이에 대하여 겸손하게 대답하였다.

"저도 죽은 자를 살릴 수는 없습니다. 다만 죽지 않고 병든 사람의 건강을 회복하도록 도와줄 뿐입니다."

당시에는 무당에 의한 미신적인 치료와 의사에 의한 의학적 치료가 혼재되어 있었다. 편작은 의학에 근거하지 않은 미신적인 치료 방법을 반대하면서 많은 환자를 고통에서 구제하여 주었다.

그러나 아뿔싸! 편작이 인술을 베풀며 여러 나라를 순회하던 중 진(秦)나라에서 피살되었다. 진나라 왕의 주치의가 편작의 인술을 시기하고 민간 의사의 활동을 방해할 심산으로 살해했던 것이다. 고대 중국의 의사는 국가에 속한 관의(官醫)였다. 편작이 활동하는

춘추시대 말기부터 민간 의사가 나타나기 시작했던 것이다. 이에 대해 사마천은 이렇게 말한다.

"여자는 예쁘거나 못생겼거나 황궁 안에 들어오면 질투를 받게 되어있다. 선비는 현명하고 능력이 있는 것에 관계없이 조정에 들어오면 의심을 받게 되어 있다. 편작의 인술이 너무 높아 죽음을 당하였다."

편작의 이야기에서 당시의 상황을 추측해 볼 수 있다. 제나라 환공후가 편작의 말을 믿지 않고 치료를 거부한 것을 보면, 당시에는 많은 의사들이 환자들을 속이면서 돈을 벌고, 그로 인하여 많은 환자들이 병을 고치지도 못하고 돈만 뺏기는 상황이 많았던 것으로 보인다. 당시 의료계는 미신적인 요소와 부패로 문제가 많았으므로 인술을 베풀어 의성(醫聖)으로 칭송받던 편작이 더욱 크게 느껴지는 것이다.

또한 장상군이 투시력의 비법을 전수하기 위하여 10년이 넘게 한 사람을 계속 관찰하였다는 점도 놓치지 말아야 한다. 과연 그 비법을 전수할 만한 인물이 되는지 확인하기 위해서는 어쩌면 10년도 부족하였는지도 모른다. 비법은 비법을 다룰 만한 인품이 있는 사람에게 전수되어야지, 그렇지 않으면 이 세상에 엄청난 재앙을 초래한다는 것을 장상군은 깊이 걱정하였던 것이다.

| 스캔하기 |

편작이 투시력으로 인술을 베풀었다는 전설적인 이야기가

2,500여 년이 지나서 현실이 되었다. 현재 초음파 검사는 건강검진에서 보편화되어 있고, CT, MRI 등 몸속을 자세히 들여다보는 의료기기는 하루가 다르게 기능이 좋아지고 있다. 그 덕분에 인간은 조기 검진 및 치료가 가능하게 되었고, 평균 수명도 점점 길어지고 있다.

서양에서도 편작과 비슷한 시기에 히포크라테스가 나타나, 인술을 베풀고 의학 교육을 실시하는 등 의학 발전에 크게 기여했다. 그러나 인간의 몸속을 들여다볼 수 있다는 생각은 꿈에도 하지 못했다. 그런데 초음파 같은 현대 의학 기계가 발명된 것은 중국이 아니고 서양이었다. 서양에서는 도대체 무슨 일이 있었던 것일까?

15세기까지 중국에 뒤쳐졌던 서양에서 16세기에 근대과학이 출현하면서 전세가 역전된다. 16세기 이전까지 우주는 신의 뜻에 따라 완벽하게 창조되었다는 아리스토텔레스(기원전 384-322)의 주장이 서양의 과학을 지배하였다. 아리스토텔레스의 과학에 문제를 제기하는 것은 기독교에 대한 공격으로 비쳐졌다. 대학 내에서는 학문의 자유도 경쟁도 없었다. 그러나 16세기에 들어서자 아리스토텔레스가 주장한 전통천문학이 흔들리기 시작한다.

코페르니쿠스(1473-1543)가 지동설을 주장하였고, 브루노(1548-1600)가 무한 우주론을 주장하다 종교재판에 회부되어 혀에 대못이 박힌 채로 화형에 처해진다. 갈릴레오(1564-1642)가 망원경으로 지동설을 확인하고, 달 표면의 분화구를 볼 수 있게 되자 아리스토텔레스의 물리학은 치명상을 입게 된다. 그 후 뉴턴(1642-1727)의 중력법칙, 다윈(1809-1882)의 진화론이 발표된다. 과학철학 교수

토마스 쿤(1922–1996)은 『과학혁명의 구조』라는 책에서 과학혁명이 어떻게 진화되는지 설명한다.

"과학혁명은 전통준수적인 정상과학 활동을 보완하는 전통 파괴적인 활동이다. …… 새로운 이론이 동화되기 위해서는 기존 이론의 재구축과 기존 사실의 재평가가 필요한데, 이는 본연적으로 혁명의 과정이며, 한 사람에 의해서나 하룻밤 사이에 완결되는 경우가 거의 없다."(68–69쪽)

다시 말해서, 과학혁명이란 이전 세계의 관념에서 벗어나 새로운 관념으로 발전하는 것이며, 이전 세계의 관념을 지지하는 집단의 저항으로 새로운 관념이 정상과학으로 받아들여지기까지는 오랜 시간이 필요하다는 것이다. 15세기부터 서양에서 과학혁명이 일어난 것은 종교의 구속으로부터 벗어나, 학문과 사상의 자유를 누리려는 과학자들의 자유의지가 있었기 때문에 가능했다.

18세기에 이런 과학혁명의 성과가 개인의 보상으로 이어지면서 과학은 급속도로 발전한다. 20세기 초에 소리의 진동 원리를 이용한 음파탐지장치를 개발하여 전쟁 중 적의 잠수함을 찾아내 격침하는 데 활용하였다. 20세기 중반에는 이 기술을 응용하여 의료용 초음파 검사기가 개발되어 건강검진 및 치료에 크게 기여하고 있다. 편작의 투시 능력이 서양에서 현실로 재현된 것이다.

사물을 이해하는 방식이 서양과 중국은 달랐다. 서양에서는 물질의 본질이 무엇인지에 관심이 많았다. 그러나 중국에서는 물질 상호 간의 관계에 관심이 많았다. 이러한 생각은 의술에도 영향을 미친다. 병을 치료할 때 서양에서는 병든 부위를 직접 치료하거나 절제하는 방법을 선호한다. 중국에서는 병든 부위를 치료하기 보다는, 몸이 건강해지면 병든 부위가 자동 치료된다는 생각으로 근원적인 원인을 찾아서 치료한다. 몸의 각 기관을 상호 밀접하게 연결되어 있는 유기체로 인식하기 때문이다.

편작 이후에도 중국의 의술(醫術)은 나름대로 축적되었지만 유교 (儒敎)의 나라에서 유능한 인재들은 유가(儒家)의 경전(經典)을 공부하고 관리가 되고자 했다. 의학, 과학, 기술 분야에 대해서는 관심 밖이었다. 그럼에도 불구하고 세계 4대 발명품인 종이, 화약, 나침판, 인쇄술이 모두 중국 제품이라는 것이 신기하다.

중국은 문명이 시작된 때부터 명(明)나라 때까지 줄곧 세계 최고의 문명을 유지하고 있었다. 15세기 초 정화(鄭和, 1371-1435)는 배를 타고 7차에 걸쳐 해외 원정에 나서고 아프리카까지 갔다 왔다. 정화의 배 길이는 150미터로 추정되며 50여 년 후인 1492년 콜럼버스가 아메리카 대륙을 발견할 당시 사용한 배는 길이가 30미터 정도이니, 부피 기준으로 계산하면 60배 정도의 차이가 난다. 그 큰 배로 지구 반대편까지 항해를 하기 위해서는 여러 가지 과학 기술이 축적되어야 가능한 것으로, 당시 중국의 과학 기술이 세계 최고 수준이었다는 사실을 알 수 있다.

15세기 중반에 명나라는 무역의 필요성을 느끼지 못할 정도로 자급자족이 가능했고, 이에 만족해했으며, 해상 세력을 견제하기 위해 중앙집권을 강화하면서 해상 활동을 중단하게 된다. 그러다 가 세계 최고라고 자만했던 청(淸)나라는 1840년 서양의 군함과 대포 앞에 힘없이 무릎을 꿇게 된다.

지금은 아이디어 하나로도 먹고 살 수 있는 세상인데, 당시에 편작의 투시력이 개인의 능력에 국한되고 신비주의로 끝나 버린 것은 아쉽다. 21세기에는 의료 초음파 검사기계 등 의학적 발전의 혜택을 온 인류가 공유할 수 있게 확대되고 있다. 다른 나라와는 다르게, 중국에서는 양의(洋醫)와 중의(中醫)의 협진이 잘 이루어지는 편이다. 양측에서 상대측의 장점을 인정하고 정보 공유가 이루어지기 때문에 가능하다.

　　뉴턴 이전에는 지구에서 작동하는 원리와 우주에서 작동하는 원리가 다르다고 생각했으나, 뉴턴이 나타나면서 지구와 우주에서 동일하게 작동하는 물리학 원리를 찾아냈다. 앞으로 과학과 의학이 더 발전하면, 협진 정도가 아니라 양의와 중의를 총괄하는 새로운 차원의 융합 의술이 생겨나서 더 많은 의료 혜택을 받게 될 것이다.

8

계파정치와 정당정치

| 제환공, 관중 |

춘추시대에 제(齊)나라의 양공(襄公)은 사생활이 문란했으며 국정을 보살피지 않고 폭정을 일삼았다. 양공의 동생 규(糾)와 소백(小白)은 노(魯)나라와 여(呂)나라로 각각 피신했다. 관중(管仲)은 노나라로 피신한 규를 보필했고, 포숙(鮑叔)은 여나라에 피신한 소백을 보필했다.

양공의 폭정이 지속되자, 양공에게 원한을 품은 사촌 동생 무지(無知)가 반란을 일으켜 양공을 죽이고 왕이 되었다. 그러나 수개월 후에 무지도 피살당하니 제나라는 왕이 없는 혼란의 시대가 되었다. 양공의 동생인 규와 소백은 이 소식을 듣고 왕위를 계승하려고 각각 노나라와 여나라를 출발하여 제나라로 향하고 있었다.

관중은 공자 규의 왕위 계승을 돕기 위해 사전에 계획을 꾸미고 있었다. 관중은 활 잘 쏘는 궁수들을 데리고 소백이 제나라로 가는 길목을 지키고 있었다. 소백이 나타나자 관중은 발사 명령을 내렸고 소백은 말에서 떨어졌다. 관중은 소백이 죽었다고 생각하고 여유 있게 규를 모시고 제나라로 향하였다.

그러나 소백이 말에서 떨어졌지만 죽은 것이 아니었다. 소백을 향한 화살은 소백의 혁대 중앙에 맞았고 소백의 몸에 닿지는 않았다. 그럼에도 불구하고 소백은 말에서 떨어져 죽은 시늉을 한 것이었다. 규의 일행이 여유 있게 제나라로 가는 동안, 소백은 빠른 속도로 제나라에 먼저 도착하여 왕위를 계승하였다. 공자 규와 관중이 제나라에 당도하려고 할 때, 소백이 이미 제나라 왕위를 계승했다는 소식을 듣고는 노나라로 다시 피신하였다.

제나라의 왕 환공(桓公)이 된 소백은 자신과 왕위 다툼을 한 공자 규를 직접 처형하기는 부담스러웠지만, 그렇다고 살려 둘 수도 없었다. 환공은 직접 군사를 이끌고 노나라를 위협하면서 노나라에 피신 중인 공자 규를 처형하고 관중을 제나라로 보내라고 압력을 행사했다. 노나라 장공(庄公)은 환공의 요구대로 공자 규를 처형하고 관중을 제나라로 돌려보냈다. 환공은 관중을 죽이려 하는데, 이때 관중의 절친한 친구인 포숙이 환공에게 말한다.

"만일 폐하께서 제나라의 왕으로 만족하신다면, 제가 폐하를 보필하면 충분할 것입니다. 그러나 만일 폐하께서 천하를 다스리는 패자(覇者)가 되고자 하신다면 관중이 꼭 필요할 것입니다."

자신을 죽이려 했던 자를 용서한다는 것은 참으로 어려운 일이다. 환공이 관중을 용서할 수 있었던 것은 관중이 자신의 주군인 규를 위해 충성을 한 것이었고, 환공과 관중 사이에 사사로운 원한은 없었다고 판단했던 것 같다.

감정의 문제는 해결되었고, 관중의 능력이 그렇게 출중하다고 하니 환공은 통 큰 정치를 보여 준다. 환공은 관중을 포숙보다 높은 재상에 임명하였다. 제나라는 관중 덕분에 부강해졌으며, 환공은 주위의 제후들로부터 존경을 받고 첫 번째 패자(覇者)가 될 수 있었다. 관중은 자신을 재상에 추천해 준 친구 포숙에게 고마워했다.

'나는 집안이 가난하여 노모를 봉양하기도 어려웠지만, 집안이 넉넉한 포숙이 항상 도와주어서 살아갈 수 있었다. 내가 포숙과 동업을 하였을 때 내가 더 많은 이익을 가져갔지만, 포숙은 나를 욕심쟁이라고 생각하지 않았다. 나는 가난했고, 노모를 모시니 더 많은 돈이 필요할 것이라고 이해해 주었기 때문이다. 어느 해에는 포숙과 함께 전쟁에 참전했다. 나는 항상 뒤에 숨어서 앞으로 나아가지 않았다. 전우들이 나를 비웃고 욕했지만, 돌볼 노모가 있기 때문이라고 포숙은 나를 이해해 주었다. 내가 모시던 공자 규가 죽고, 나는 사로잡혀 제나라에 끌려온 몸이 되었지만, 포숙은 나를 구차하다고 모욕하지 않았다. 작은 일에 연연하지 않고 큰일을 이루려는 내 마음을 알아주었기 때문이다. 나를 낳아 주신 분은 부모님이지만, 나를 이해해 주는 사람은 바로 포숙이다.'

진정한 우정을 이야기할 때 사용되는 '관포지교(管鮑之交)'라는 고사성어는 이렇게 만들어졌다.

| 스캔하기 |

임금의 입장에서 보면 환공은 자신을 죽이려 했던 관중을 포용하고 중용하는 통 큰 정치를 했고 제나라가 발전하였으니 인사관

리(人事管理) 측면에서 성공했다고 볼 수 있다. 그런데 신하의 입장에서 보면 관중은 두 명의 주군(主君)을 모시게 되었는데, 과연 본받을 만한 행동이라고 할 수 있을까? 사마천은 신하가 두 명의 임금을 모시는 것을 못마땅하게 생각했다. 앞뒤 꽉 막힌 백이와 숙제가 불사이군(不事二君)했다는 이유로 「백이열전」이 『사기열전』 맨 앞에 나오는 것을 보면 그렇다.

그러나 당시의 세태를 보면 관중의 처신이 오히려 자연스럽다. 유세객들이 이 나라 저 나라를 돌아다니며 군주에게 자신의 생각을 말하여 채택되면 중용되고, 채택 안 되면 다른 나라로 가는 세상이었다. 신하는 왕의 뜻에 따라 잘 보필하고 왕의 뜻과 맞지 않으면 떠나는 것이다. 정책이나 이념이 아닌 사람 간의 관계에 의해 중용되기도 하고 때론 내쳐지기도 하면서, 계파 정치가 만들어지는 것이다.

현재의 기준으로 보면 어떨까? 중국에는 형식상 군소 정당이 존재하지만 실질적으로는 공산당 일당 독재 국가다. 그러나 대부분의 국가는 복수정당제도를 채택하고 있으며, 대의제(代議制) 자유민주주의 국가에서 정치란 정당정치를 의미한다. 정당의 사전적의미는 '정치에 대한 이념이나 정책이 일치하는 사람들이 정치적 이상을 실현하기 위하여 조직하는 단체'이다.

양당제의 경우, 통상 우파(보수)와 좌파(진보)로 구분된다. 물론 중도층의 표를 얻기 위해 정책이 중도 성향으로 수렴되는 경향이 있으나 양당이 추구하는 가치와 정책은 서로 달라야 정상이다. 양당은 각자의 이념과 정책을 알리면서 선거를 통해 국회 및 정부를 장악하게 된다. 보수 정당이 정권을 잡으면 보수 정책이 펼쳐지고, 진보 정당이 정권을 잡으면 진보 정책이 펼쳐지는 것이다.

그런데 보수 정권하에서 보수 정책을 추진했던 장관이 진보 정권으로 바뀐 상태에서도 장관직을 유지하면서 진보 정책을 추진한다면 어떨까? 이미 2,000년 이상 세월이 흘렀고 세상도 변했다. 21세기에 관중이 다시 나타난다고 해도, 정권이 교체되었는데 계속 장관 자리에 앉아 있으면 영혼 없는 관료라는 비판을 피할 수 없는 시대가 되었다.

9

본능을 자극하는 미인계

| 매희, 서시 |

　역사와 전통을 자랑하는 중국 미인계의 대표 선수 두 명을 소개한다. 첫 번째 주인공은 하(夏)나라가 망하는 데 기여한 일등 공신 매희(妹喜)다. 하나라가 시(施)나라를 멸망시키자, 시나라는 이에 대한 복수를 하기 위해 미녀 매희(妹喜)를 하나라 걸(桀)왕에게 바쳤다. 매희가 중국 최초의 미녀 간첩인 것이다.

　매희의 매력에 완전히 빠져 버린 걸왕은 정사(政事)를 돌보지 않은 지 오래되었다. 오히려 매희와 향락을 즐기기 위해 주지육림(酒池肉林)을 만들고, 매일 그곳에서 수천 명의 궁녀와 함께 방탕하게 술을 먹고 놀았다. 이미 매희의 몸에서 헤어나지 못하는 걸왕은 충신들의 건의를 듣지 않았고, 직언하는 충신들을 죽이기 시작하니 감히 입을 여는 자가 없었다.

　이때 상(商)나라는 이윤(伊尹)을 하나라에 간첩으로 파견하려고 계획을 세운다. 상나라 탕(湯)왕은 걸왕을 속이기 위해 이윤을 거짓으로 죽이려고 한다. 이윤은 부상을 당한 채로 하나라로 도망

본능을 자극하는 미인계　*77*

오고, 걸왕은 탕왕의 계책에 속아 이윤을 신뢰하게 된다. 결국 매희와 이윤에 의하여 조종된 걸왕은 상나라에게 나라를 바치는 하나라의 마지막 왕이 된다.

하나라 멸망의 일등 공신은 당연히 미녀 매희이지만, 상나라는 매희에게 상을 내리지 않았다. 탕왕은 매희의 아름다움으로 인해 상나라가 기우는 것을 우려했기 때문이다.

두 번째 주인공은 오(吳)나라를 멸망시키는 데 기여한 미인 서시(西施)다. 오(吳)나라와 월(越)나라가 중국 남부의 패권을 서로 다투니 전쟁이 그치지 않았다. 월나라 왕 구천(勾踐)이 성급하게 오나라를 공격하고자 할 때, 신하 범려(范蠡)는 아직 때가 아니라고 주장하며 공격을 반대한다. 그러나 구천은 범려의 건의를 무시하고 오나라를 공격하고, 결국 회계산에서 오나라 군대에게 포위당한다.

구천은 문종(文種)을 오나라에 보내서 항복을 받아 달라고 제의한다. 이에 오나라의 충신 오자서(伍子胥)는 항복을 받아들이지 말고 구천을 죽여 월나라를 멸망시켜야 한다고 주장한다. 결국 오나라 왕 부차(夫差)는 오자서의 건의에 따라 항복 제의를 거절한다.

월나라에서는 나라가 망하는 것만은 피하려고 방법을 모색하던 중에 오왕의 신임을 받고 있는 백비(伯嚭)라는 신하를 매수하기로 계획을 세운다. 백비는 여자와 돈을 좋아하는 사람이었는데 이를 이용하고자 한 것이다. 월나라는 백비에게 돈과 미녀를 바치고 월나라에 협조하여 줄 것을 요청한다. 백비는 뇌물을 받고 부차에게 건의한다.

"월나라는 이미 망한 것이나 다름없습니다. 만일 월나라의 항복을 받아들이지 않는다면 월나라는 최후의 한 사람까지 죽음을 불사하고 싸움을 할 것입니다. 이렇게 되면 오나라에게도 부담이 됩니다."

백비의 말이 옳다고 여긴 부차는 구천의 항복을 받아들이고 목숨을 거두지 않았다. 구천은 자신의 처와 신하 범려 및 삼백여 명의 월나라 백성을 데리고 오나라에 가서 노예 생활을 하였다. 구천은 노예 정신으로 무장하여 부차에게 충성하는 모습을 보였다. 심지어 부차가 병에 걸렸을 때 부차의 똥까지 먹으면서 비위를 맞춘다.

"폐하의 똥 맛을 보니 조만간 쾌차할 것으로 생각되옵니다."

후에 부차는 구천이 재기할 능력을 상실했다고 판단하고 오자서의 반대에도 불구하고 구천을 풀어 주었다. 풀려난 구천은 월나라로 돌아가 와신상담하며 복수를 준비한다.

부차는 자만심에 가득차서 대외 원정을 추진하고 내부적으로는 대규모 공사를 진행하니 많은 목재가 필요하였다. 월나라는 오나라의 요구에 따라 목재를 바쳐야 했다. 그런데 산에서 나무를 자르는 작업 중에 범려는 미녀 서시(西施)를 발견하게 된다. 서시의 미모가 알려지자, 그녀가 산에서 월나라 왕궁으로 오는 도중에 그녀를 보러 나온 백성들로 길이 막혀 앞으로 나아가지 못하였다고도 한다.

범려는 나무꾼의 딸인 서시의 미모를 알아보고 그녀를 교육시켜 오나라를 망하게 만들 간첩으로 육성한다. 서시는 범려의 계획에 따라 춤, 노래 등 여러 가지 미녀 간첩으로서 소양을 교육받은 후에 부차(夫差)에게 바쳐진다. 서시가 오나라에 도착하자, 부차는 서시에게 빠져 국가 대사는 멀리 던져 버렸다. 오나라는 망국의 길을 향하여 나아가고 있었다.

게다가 부차는 백비의 모함을 믿고 오자서에게 검을 내린다. 구천이 가장 두려워했던 존재인 오자서가 죽자, 월나라는 군대를 이끌고 오나라를 공격한다. 더 이상 도망갈 곳이 없다고 판단한 부차가 자살하면서 오나라와 월나라의 전쟁은 월나라의 승리로 결말이 난다.

서시의 행방에 대하여는 설이 분분하다. 서시의 지독한 아름다움을 걱정하여 월나라에서 그녀를 자루에 넣어 강물에 던졌다고도 하고, 범려가 서시를 데리고 월나라를 떠났다고도 하고, 서시가 배를 타고 멀리 떠났다고도 하니 그 마지막을 알 수가 없다. 어찌 되었든 미인계의 대표 선수는 서시다. 중국에서 영화나 드라마를 만들 때 서시 역으로 캐스팅되는 것은 여자 연기자로서는 최고의 영광이다.

| 스캔하기 |

남자는 미인을 보면 눈빛이 달라진다. 변태가 아니다. 아주 건강하다는 증거다. 그러나 미인만 보면 똥오줌 못 가리고 무조건 눈빛이 달라진다면 치료가 필요할 것 같다. 사람은 동물적 본능을 갖고

있다지만 이성(理性)에 의해 통제가 가능한 존재이기 때문이다.

수컷이 암컷에게 구애하는 행동은 번식하고자 하는 본성의 강력한 표출이다. 잠자리는 교미가 끝날 즈음 암컷이 수컷을 잡아먹는다. 수컷은 잡아먹히는 것을 알면서도 자신의 유전자를 퍼트릴 일생일대의 기회를 놓치지 않는다. 그리고 장렬하게 암컷의 먹이가 되어, 자신의 유전자에게 영양분까지 제공한다. 살신성인이다. 이런 행동은 수컷의 선택이 아니고 입력된 프로그램에 따라 본능적으로 작동되는 것이다.

공작의 꼬리를 보자. 수컷 공작의 화려하고 커다란 꼬리는 아무 짝에도 쓸모가 없어 보인다. 적의 공격을 받으면 꼬리 때문에 도망가지 못하고 쉽게 잡아먹힐 수도 있다. 그럼에도 불구하고 수컷은 그 거추장스러워 보이는 꼬리를 달고 지금까지 진화해 왔다. 왜일까? 바로 암컷이 그 크고 화려한 꼬리를 좋아하기 때문이다. 암컷의 선택을 받아야 번식에 성공하고 자신의 유전자를 퍼트리는 데 성공할 수 있다. 만일 꼬리가 작으면 잡아먹히지 않고 오래 살수는 있으나, 암컷에게 선택되지 않아 번식할 기회는 사라지는 것이다. 자신의 유전자는 자신이 죽음으로써 끝장이다.

남자는 배란기 여성에게 매력을 더 느낀다는 실험 결과도 있다. 동일한 여성의 사진을 두 장 찍는다. 보통 때 찍은 사진 한 장, 배란기 때 찍은 사진 한 장. 두 장의 사진을 보여 주고 어느 여자가 더 예쁘냐고 묻는다면 어떤 반응일까? 물론 피실험자에게 두 사진의 차이점을 설명해 주지 않는다. 시차도 한 달 이내이고, 복장이나 화장도 동일하게 했으므로 더 예쁜 여자를 선별하기란 쉽지 않다. 대부분 여자의 반응은 두 사진 다 비슷하다는 반응이다. 그러나 대부분 남자의 반응은 배란기 때 찍은 사진이 더 예쁘다고 답변하다. 수컷의 종족 번식 본능이 꿈틀거리고 있다는 증거이다.

리처드 도킨스가 쓴 『이기적 유전자』에 의하면 자식을 낳는 것은 부모의 유전자가 전달된 것이고, 자자손손 자손이 번성하면 사람은 죽지만 유전자 입장에서는 불멸한다. 이기적인 유전자는 유전자를 후대에 잘 전달하기 위해 인간이 서로 사랑하도록 만든다. 사람도 유전자 입장에서 보면 껍데기가 되는 것이다.

인간이 본능적으로 거부하기 어려운 사랑의 감정을 이용하여 자신의 목적을 달성하는 방법을 생각해 냈으니, 바로 미인계(美人計)다! 매희와 서시로 이어지는 미인계는 수천 년이 지난 지금 중국에서 진행 중이다. 2004년 중국 주재 일본총영사관에서 일본 외교관이 자살하는 사건이 발생한다. 이 외교관은 가라오케 주점에서 중국인 여자를 만나 부적절한 관계를 맺는다. 중국 공안(公安: 경찰)은 이 사실을 미끼로 일본의 기밀을 넘겨받으려고 압박했다. 이 외교관은 "국가를 배신할 수 없다."는 유서를 남기고 자살했다.

조금 더 따끈따끈한 이야기를 해 보자. 2008년 영국 총리 일행이 중국을 방문하였을 때, 총리 보좌관이 술집에서 미인계에 넘어가 휴대폰과 비밀문서를 분실한 사건이 발생했다. 그리고 2016년 9월 중국에서 개최되는 G20 정상회의에 영국 총리 일행이 참석했다. 영국 보안 당국은 총리 보좌관들에게 중국 미인계를 조심하라고 상세한 안내와 주의를 주었다고 한다. 그래서인지 2016년에는 미인계에 넘어갔다는 보도가 보이지 않았다.

『사기(史記)』에는 제(齊)나라에 미녀가 많다고 기록하고 있다. 제나라를 부강하게 만든 관중(管仲)은 돈을 벌기 위해 국가가 기방(妓房)을 운영하기도 하였는데, 그 수익이 적지 않았을 뿐 아니라 유능한 인물들을 끌어들이는 역할도 했다고 전해진다. 중국의 미인계는 역사와 전통이 있다. 우연히 미녀가 나타나 가슴을 뛰게 한다면 한 번 더 생각해 보기 바란다.

10

법치로 강해지기는 했는데

| 상앙 |

상앙(商鞅)은 위(衛)나라 왕의 후손이다. 상앙은 젊었을 때 위(魏)나라 재상(宰相)인 공손좌(公孫座)의 식객으로 지냈다. 공손좌는 상앙의 능력을 높이 평가하고 기회가 되면 위혜왕(魏惠王)에게 추천하려고 생각하고 있었다. 그러나 공손좌가 돌연히 중병에 걸려 조정에 나갈 수 없게 되자, 위혜왕이 공손좌에게 병문안을 와서 말했다.

"만일 재상이 병에서 회복하지 못한다면 누가 그 재상의 자리에 앉을 수 있겠소?"

"상앙이라는 젊고 유능한 인재가 있습니다. 그는 능히 저의 자리를 맡아서 잘할 것입니다. 그러나 만일 폐하께서 상앙을 중용하지 않으신다면 반드시 그를 처형하십시오. 상앙이 위나라를 떠나도록 내버려 두지 마십시오."

위혜왕은 공손좌 앞에서는 대답하지 않고 왕궁으로 돌아와 주위의 신하에게 말했다.

"공손좌가 병이 깊어 정신마저 맑지 않은 것 같구나. 어떻게 그렇게 젊은 애송이를 재상의 자리에 앉히라고 건의를 한단 말인가? 그리고 자신이 추천한 사람을 또 죽이라고까지 말을 한단 말인가? 아마도 공손좌가 미친 것 같구나."

위혜왕이 공손좌의 집을 떠나자, 공손좌는 상앙을 불러 자신이 위혜왕에게 한 말을 전부 다 전한 후에 보충해서 말했다.

"내가 위혜왕에게 자네를 추천했을 때 위혜왕이 답변하지 않았지만 아마도 자네를 죽일 것이야. 내가 위혜왕의 신하이므로 자네를 중용하지 않으려면 처형하라고 건의를 하였네. 그러나 자네는 또한 나의 식객(食客)으로 지낸 지 오래되었네. 그러니 자네에게 이 내용을 알려 줄 수밖에 없네. 시간이 없으니 빨리 위나라를 떠나도록 하게."

그러자 상앙은 당황하지 않고 대답하였다.

"걱정하지 마십시오. 위혜왕은 저를 중용하지 않을 것입니다. 중용하지 않는다는 것은 혜왕이 재상의 건의를 받아들이지 않는다는 뜻이니, 저를 처형하라는 재상의 건의도 받아들이지 않을 것입니다. 그러니 저는 위나라를 떠날 필요가 없을 것입니다."

상앙의 예측대로 위혜왕은 상앙을 중용하지도 처형하지도 않았다. 상앙이 위나라에서 중용되지 못하고 좋은 관직을 찾지 못할 때, 진(秦)나라 효공(孝公)이 능력 있는 사람을 중용하겠다고 공포하였다. 이에 상앙이 진나라에 가서 효공에게 국가 관리의 좋은 방안을 설명하게 된다.

상앙이 효공을 처음 만났을 때 제왕(帝王)의 도에 대하여 이야기하였다. 효공은 이에 흥미를 가지고 있지 않았다. 상앙은 어렵게 두 번째 기회를 만들어 효공을 만나서 왕도(王道)에 대하여 이야기하였다. 이번에도 효공은 관심을 나타내지 않았다. 세 번째 효공을 만났을 때 상앙은 패왕(覇王)의 도를 이야기하였다. 효공은 비로소 상앙의 이야기에 관심을 가지기 시작하였다. 효공은 짧은 시간 내에 진나라를 부강하게 만들고 싶었던 것이다.

결국 효공은 상앙을 중용하였다. 그런데 이에 대하여 사마천은 상앙의 말과 행동이 일치하지 않음을 지적한다. 오직 벼슬을 얻기 위해 소신 없이 효공의 마음에 드는 말만 했기 때문이다.

상앙은 부국강병을 추진하기 위해 당시 진나라의 허술한 법을 정비한다. 당시 많은 귀족과 대신들이 상앙이 만든 법을 반대하자, 진효공은 사태가 심각함을 감지한다. 효공은 상앙에게 잠시 개혁 정책 추진을 보류하고 준비 작업을 착실히 추진하도록 지시한다.

마침내 상앙의 개혁 정책이 완성되었지만, 법 공포 후 백성들이 그 법을 받아들이지 않고 준수하지 않는다면 개혁 정책은 성공할 수 없다는 것을 우려한 상앙은 방법을 생각해 낸다. 어느 날, 상앙은 성 남문에 포고령을 붙였다.

"남문 앞에 나무토막이 있다. 이 나무토막을 남문에서 북문으로 옮기는 자에게는 상금으로 황금 십 냥을 주겠다."

그 나무토막은 무겁지도 않았고, 남문에서 북문까지 거리가 멀지도 않았다. 큰 힘을 들이지 않고도 많은 돈을 얻을 수 있는 좋은 기회였지만, 어느 누구도 나서서 나무토막을 옮기는 자가 없었다. 포고문을 읽은 사람들은 포고문의 내용을 믿지 못하겠다는 태도였다.

상앙은 상금을 오십 냥으로 높였다. 나무토막 주위에 많은 사람이 몰려들었지만 서로 이야기만 할 뿐 나무토막을 선뜻 옮기려는 자가 없었다. 이때 한 건장한 사람이 나타나 그 나무토막을 들고 북문으로 향하였다. 많은 사람이 그 건장한 사람을 따라 북문으로 갔다.

상앙은 북문에서 그 사람에게 황금 오십 냥을 상금으로 주었다. 이때부터 백성들은 법을 믿기 시작했고, 상앙은 법을 계속 공포하고 개혁 정책을 추진하였다. 여기에서 '입목취신(立木取信: 나무를 세워 신뢰를 얻다)'이라는 고사성어가 생겨났다.

그 후 상앙은 많은 분야에서 개혁 정책을 추진하였다. 상앙은 진나라 백성을 위해 또 진나라의 발전을 위해 개혁을 추진한다고 주장하였지만 이는 자신의 생각일 뿐, 백성들의 의견을 듣고 결정한 것은 아니다. 상앙이 말하였다.

"백성들과 국가 대사를 함께 이야기할 필요는 없다. 국가가 잘 살게 되면 백성들은 그 혜택을 누리면 되는 것이다."

진나라는 법을 계속 만들었고, 세세한 부분까지 법으로 통제하기 시작했다. 국력은 점점 강성해져 중국을 통일하는 힘을 비축하고 있었지만, 백성들은 법의 압박에 숨이 막힐 지경이었다. 상앙을 지지해 주던 효공이 죽고, 상앙과 사이가 나쁜 태자가 왕위를 계승했다. 모반죄의 누명을 쓰게 된 상앙이 도망을 시도하였지만, 자신이 만든 세밀한 법망 때문에 국외로 탈출하지 못하고 잡혀 능지처참에 처해졌다.

사마천은 상앙의 천성이 각박하고 충고를 따르지 않아 결국 악명을 얻게 되었고, 자신의 생명도 지키지 못했다고 혹평을 하였다. 그러나 상앙이 법치를 통한 부국강병을 추진하여 효공이 패자(覇者)가 되도록 도왔으며, 후에 중국의 법사상에 큰 영향을 미쳤다.

| 스캔하기 |

법치(法治)냐? 인치(人治)냐? 나라가 분열되고 혼란스러울 때는 단기적 효과가 좋은 법치로 다스리고, 나라가 통일되고 안정적일 때는 장기적 효과가 좋은 인치로 다스린다고 대부분의 중국 사람들은 믿는다. 한쪽으로 쏠리는 것은 부작용이 생긴다고도 한다. 말이 쉽지, 법치와 인치를 적절히 조화하기란 쉽지 않다. 어려우니까 잘못하면 나라가 망하고, 임금의 목이 잘리는 것 아닌가?

입목취신의 의미에 대해서 한 번 따져 보자. 당시 진나라 백성이 진나라 정책을 믿지 않는 상황에서 백성들의 믿음을 얻고자 인치를 하면 많은 시간이 필요하였을 것이다. 짧은 시간 내에 개혁의 성과를 얻고자 했던 상앙은 성 남문에 나무토막을 가져다 놓는 방법으로 백성들의 신임을 강제적으로 얻고자 하였다.

이러한 나무토막을 옮기는 방법이 백성들에게 행복을 주었을까? 단지 한 명에게만 행복을 주었을 뿐이다. 바로 그 나무토막을 남문에서 북문으로 옮기고 오십 냥의 황금을 받아 간 그 사람이다. 주위에 있던 사람은 오십 냥을 받아 간 사람을 보고 마음속에 어떤 생각을 하였겠는가? 그들도 가능하다면 다시 남문으로 달려가 나무토막을 북문으로 옮기고 싶어 했을지도 모른다. 그러나 그들에게는 더 이상 오십 냥을 받을 기회가 주어지지 않았다. 그들은 오십 냥을 받은 사람을 한편으론 부러워하였지만, 한편으론 마음속에 불만이 생겼을 것이다.

남문에 모인 많은 사람들이 결정을 하지 못하고 있을 때, 상앙은 상금을 십 냥에서 오십 냥으로 올렸다. 상앙은 상금을 올리기 전에 왜 남문 앞에 모인 백성들이 그 나무토막을 옮기려 하지 않았는지를 진지하게 고민해야만 했다. 그 이유는 상금이 적기 때문이 아니라, 그동안 국가 정책에 대한 백성들의 신뢰가 없었기 때문이다.

상앙은 백성들의 신뢰를 얻는 것처럼 보이기 위해 나무토막을 이용했던 것이다. 이렇게 가벼운 술수로 백성들의 진정한 신뢰를 얻을 수는 없었다. 그럼에도 불구하고 진나라가 짧은 기간 내에 강성해져서 중국 통일의 기반을 마련한 것은 상앙의 공이었지만, 그리 오래가지는 못했다.

11

언로言路가 막히면 나라가 망한다

| 여불위 |

여불위(呂不韋)는 전국시대에 장사를 하여 많은 돈을 벌었다. 그는 정치에도 관심이 많아 진(秦)나라가 조(趙)나라에 인질로 보낸 왕자, 자초(子楚)가 진나라에 돌아와 왕이 되도록 도와준다. 후에 자초가 초양왕(楚襄王)이 되고, 덕분에 여불위는 승상(丞相)이 된다.

당시 제(齊)나라, 초(楚)나라, 조(趙)나라 그리고 위(魏)나라에는 모두 능력 있는 위인이 있었으니, 이들을 '사공자(四公子)'라고 일컫는다. 그들은 제나라의 맹상군(孟嘗君), 초나라의 춘신군(春申君), 조나라의 평원군(平原君), 위나라의 신릉군(信陵君)이다. 이들 사공자는 모두 수하에 수천 명의 식객(食客)을 거느리고 있었다. 진(秦)나라에 사공자와 같은 인물이 없었던 이유는 중앙정부의 힘이 강하기 때문이었을 것이다.

여불위는 진나라에 사공자와 같은 인물이 없음을 아쉬워하며 대신 진나라의 위대함에 대해 알리는 방법을 찾고 있었다. 여불위는 많은 학자의 도움으로, 30만 자가 넘는 방대한 책인『여씨춘추(呂氏

春秋)』를 편찬했다. 이 책은 역사, 지리. 전기(傳記) 등 고대부터 당대까지 풍부한 내용을 포함하고 있었다. 21세기의 관점에서 보면, 학자들의 도움으로 만든 책에 자신의 이름을 붙인 것이 조금 거슬리기는 한다. 어찌 되었건 여불위는 자신만만하게 선포하였다.

"『여씨춘추』라는 위대하고 완벽한 책을 만들었다. 누구든지 이 책에서 한 글자라도 늘리거나 줄일 수 있다면 그에게 상금으로 일천 금을 주겠다."

여기에서 '일자천금(一字千金)'이라는 고사성어가 탄생한다. 학식 있는 많은 사람이 진나라 수도 함양에 와서 『여씨춘추』에서 잘못된 글자를 찾으려고 노력하였지만 한 글자도 찾아내지 못하였다고 한다. 이로 인하여 진나라의 명성은 다른 나라에 더욱 널리 알려지게 되었다. 일자천금은 중국에서 문장이 아주 훌륭하여 칭찬할 때 사용하는 고사성어다.

그러나 속뜻도 과연 그럴까? 『여씨춘추』는 상당히 훌륭한 책이다. 그럼에도 불구하고 그 책에서 한 개의 잘못된 글자도 찾아내지 못했다는 것을 어떻게 이해해야 할 것인가? 단순히 오자(誤字)가 없다는 의미인지, 잘못 기술된 부분이 없다는 것인지는 관전 포인트가 아니다. 어떠한 상황이든 간에 중요한 것은 잘못된 글자를 찾아내었다 해도, 또는 잘못 기술된 문장을 찾아내었다 해도 그것을 감히 밝힐 수 없었다는 것이다.

당시 진나라는 법가(法家)의 사상을 이용하여 한쪽 방향으로만 나아가고 있었기 때문이다. 상앙은 개혁을 추진하는 과정에서 변법(變法)을 반대하는 세력을 제거하였다. 심지어는 변법을 지지하는 자들마저 처형하였다. 언로(言路)를 완전히 막아 버렸기 때문이다. 이러한 역사적 경험이 있는 상황 하에서 진나라 백성들은 감히 자신의 속마음을 열 수 없었던 것이다. 진나라가 중국 통일 십오 년 만에 망한 주요 원인은 언로가 완전히 통제된 체제 때문이 아니겠는가?

| 스캔하기 |

현재 중국의 언론은 어떠한가? 모택동은 혁명이 붓과 총에서 나온다고 생각했다. 언론과 군부(軍部)를 장악해야 혁명을 이룰 수 있다는 말이다.

1948년 창간된 중국 공산당 기관지 「인민일보(人民日報)」는 현재 2,000여 종이 넘는 중국 신문의 논점을 이끌어 가는 중심 역할을 하고 있다. 중국 언론은 공산당 중앙선전부의 통제를 받고 있다. 중앙정부기관인 국가광파전영전시총국(國家廣播電影電視總局)이 전국의 텔레비전 방송을 관리한다. 매일 7시에 방송되는 텔레비전 뉴스에서는 중국 지도자들의 활동을 방영하는 것으로 시작된다. 마치 대한민국 5공화국 시절 저녁 9시가 '땡'치면 전두환 당시 대통령의 얼굴이 나오면서 뉴스가 시작되는 것과 비슷하다.

인터넷이 보편화되어 세계가 하나 같이 느껴지는 지금, 중국에서 8억 명 가까운 중국인이 모바일 인터넷을 사용하고 있지만, 구글이나 페이스북 사용은 금지되어 있다. 중국 헌법에서 언론의 자유를 보장하고 있지만, 사실상 공산당과 중국 정치에 대한 비판은 금지되고 있다. 이를 실현하기 위해 중국 정부는 여러 가지 방법으로 국민들의 언로를 감시하고 있다. 만일 신문, 방송 또는 인터넷 등에서 중국 정부를 비판하는 정치적 발언을 하면 국가 권력에 도전했다는 이유로 처벌 받을 가능성이 높다.

이런 상황을 고려하여 많은 외국인들은 중국에 언론의 자유가 없다고 생각한다. 그러나 많은 중국인들은 중국에는 '중국식 언론의 자유'가 있다고 생각한다.

1989년 천안문 광장에 모여 민주화를 외치는 100만여 명의 시위를 보면서 중국 지도자들은 긴장했다. 2010년에 튀니지에서 시작된 반정부 시위는 다양한 소셜 미디어와 언론을 통해 세계에 알려졌으며, 이집트·리비아·예멘 등 인접 아랍의 독재 국가로 확산되어 장기 독재 정권이 무너지는 계기가 되었다.

중국은 개혁 개방으로 경제 발전을 이루었으나 지역 간 불균형 문제, 부패 문제 등 불만의 목소리가 인터넷을 통해 쉽게 표출되고 확산되는 환경에 노출되어 있다. 인터넷은 사실이건 거짓이건 빠른 속도로 전파된다는 측면에서 자정(自淨) 능력이 부족한 통제 사회, 그리고 이성이 아니라 감정에 의해 쉽게 휩쓸리는 사회에서는 국가 존립에 위협적인 수단이 될 수 있다.

중국 사람은 백성의 의견을 표출하는 언로를 완벽하게 틀어막았기 때문에 망한 진(秦)나라의 역사를 잘 기억하고 있다. 또한 아랍의 봄에서 인터넷의 위력으로 순식간에 정권이 무너지는 것도 보았다. 인터넷 사용이 확대됨에 따라 자유로운 언로의 확대는 피할 수 없는 대세일 것이다. 앞으로도 계속해서 '중국식 언론의 자유'가 가능할 것인지, 어떻게 진화할 것인지 관심을 갖고 지켜볼 일이다.

12

약법삼장約法三章의 정신은 어디로 갔나?

| 유방 |

    진(秦)나라는 엄격한 법치를 시행하여 짧은 기간 내에 강성해졌으며, 통일 후에도 백성들의 고통은 아랑곳하지 않고 많은 대규모 공사를 진행하였다. 노동력을 제공하는 인부로 차출되어 공사장에 도착하면, 언제 다시 고향으로 돌아갈지 기약할 수 없었다. 백성들이 공사장에 끌려가지 않으려고 하여도 진나라의 법이 너무 세밀하고 엄격하여 감히 이를 빠져나가거나 거역할 수 없었다. 법은 갈수록 엄격해지고 폭정은 갈수록 심해져 갔다.

    진시황(秦始皇)이 병으로 죽고 부정한 방법으로 호해(胡亥)가 왕위를 계승하였다. 이 혼란한 정국을 틈타 진승(陳勝)과 오광(吳廣)이 최초로 반란을 일으켰고, 곳곳에서 반란이 이어졌다. 이때 유방(劉邦)이 패현(沛縣)에서 많은 인부들을 여산(驪山)까지 압송하는 임무를 맡았다.

    그러나 가는 도중 매일 밤 많은 인부들이 도망갔다. 이러한 상태로 가다가는 여산에 도착할 때 몇 명이 남을지 알 수 없었다. 인부들을 제대로 압송하지 못한 유방이 엄격한 법에 따라 처벌을 받는 것은 당연히 예상할 수 있었다. 여산에 가서 법에 따라 처형되나, 반란을 일으켜 죽나 매한가지였다. 유방은 압송되는 인부들에게 말했다.

"우리가 가고 있는 이 길은 아주 험난한 길이다. 어떤 사람은 영원히 고향으로 돌아오지 못할지도 모른다. 나는 그대들에게 자유를 주겠다. 각자 자기의 살길을 찾아 떠나도록 하라."

남아 있던 인부들은 한편으론 기뻐하면서 한편으론 유방의 앞일을 걱정하였다. 이에 대하여 유방이 말하였다.

"나도 여산으로 가지 않는다. 나의 앞일을 걱정할 필요 없다."

많은 인부들이 각자 자기의 길로 떠났지만, 몇 십 명의 인부들이 유방을 따라나섰다. 이후 유방을 따르는 무리가 점점 늘어나서 삼천 명에 이르렀다. 패현의 관리인 소하(簫何)와 조참(曹參)도 유방이 이끄는 무리에 동참하게 된다. 유방은 자신이 압송하고 있는 인부들의 심리 상태를 이미 잘 파악하고 있었다. 압송되는 사람들은 살아서 돌아오기 어려운 길을 가고 있으니 어떤 과격한 행동도 가능한 상태였을 것이다. 만일 유방이 그들을 모두 압송하려고 엄격한 법을 적용하여 여산에 데려가려고 하였다면 유방의 머리가 먼저 잘려져 나갔을지도 모를 일이다.

백성들이 법을 지키기에는 너무도 부담이 된다는 것을 이해하고, 인부들이 처한 어려움을 해결해 줄 수밖에 없다는 것을 감지한 유방이 반란의 깃발을 높이 들었다. 반란군이 여기저기서 일어났고, 규모는 점점 커져 갔다. 그 대표적인 인물이 항우(項羽)와 유방이다. 항우가 진나라의 주력 부대와 전투를 벌이고 있는 동안 유방은 비교적 수월하게 진나라 수도 함양(咸陽)을 점령하였다.

유방이 군사들과 함께 황궁에 들어갔을 때, 유방은 그곳의 호화스런 물건에 넋이 빠져 있었다. 군사들은 서로 밀치듯 금은보화를 모아 둔 창고로 달려가 미친 듯이 귀중한 물건을 가져가기 시작했다. 유방도 예외는 아니었다. 유방이 귀중한 물건을 보면서 감탄하고 있을 때, 뒤에서 쩌렁쩌렁한 목소리가 들려왔다.

"패공(沛公), 지금 무엇을 감탄하고 계십니까? 이 귀한 물건이 바로 진나라를 망하게 하였습니다. 천하를 얻고자 하십니까? 아니면 보물을 얻고자 하십니까?"

머리를 돌려 바라보니, 자신의 부하 번쾌(樊噲)가 호통을 치고 있지 않은가! 유방이 탐탁지 않은 눈빛으로 번쾌를 꾸짖으려고 할 때 장량(張良)이 번쾌의 말을 거들면서 말하였다.

"번쾌 장군의 말이 옳습니다. 진나라는 호화스럽고 사치스런 생활만을 추구하였고, 백성들의 고충을 해결하려고 하지 않았습니다. 그래서 진나라는 망했습니다. 패공께서도 진나라와 같이 사치스런 보물을 중히 여기시겠습니까?"

유방에게 건의한 번쾌와 장량은 같은 생각으로 같은 이야기를 하였다. 그러나 번쾌의 충고에 기분이 상했던 유방은 신뢰하는 장량의 충고를 듣고 크게 깨닫게 된다. 만일 장량이 없었다면 번쾌는 유방의 미움만 얻었을 것이다.

이제 겨우 상황이 파악된 유방은 군사들에게 황궁 안의 창고를 봉인하고 물건을 함부로 훔치지 못하도록 조치하였다. 또한 유방은 백성들이 엄격한 법으로 인하여 고통받고 있다는 것을 잘 알고 있었기 때문에 진나라 백성들에게 선포하였다.

"우리가 이곳에 온 것은 진나라의 폭정에서 여러분을 벗어나게 하기 위함입니다. 지금부터 진나라 법은 없습니다. 함양에는 단지 세 가지 법만이 있을 뿐입니다. 살인한 사람은 사형으로 다스리고, 남을 다치게 한 사람 그리고 남의 물건을 훔친 사람은 처벌을 받을 것입니다."

여기에서 '약법삼장(約法三章: 세 가지 법만 있을 뿐이다)'이라는 고사성어가 만들어진다. 계속해서 만들어지는 엄격한 법에 신음하던 백성들은 당연히 환영했다. 후에 유방은 자신의 경쟁자 항우를 무찌르고 중국을 통일하여 한(漢)나라를 창건한다. 약법삼장은 선전 구호로서 민심을 얻는 데 큰 역할을 하였지만, 오랫동안 지속되지는 못했다. 한나라는 법을 하나둘 계속 만들어 나가면서 백성들을 다시 통제하기 시작했다.

| 스캔하기 |

약법삼장은 예상 밖의 발표였다. 이전의 진나라 법은 모두 폐기하고 이제부터 세 개의 법 조항만 존재한다는 창조적인 선언이었다. 그 내용을 다시 한 번 언급하자면, 살인한 사람은 사형으로 다스리고, 남을 다치게 한 사람은 처벌받고, 남의 물건을 훔친 사람도 처벌을 받는다는 것이다. 과도한 법에 의해 신음하던 백성들은 환호했고 유방을 지지했다. 만일 당시에 선거로 황제를 뽑았다면

당연히 유방이 황제가 되었을 것이다. 정말 엄청난 구호였다.

생명과 자유와 재산에 대한 권리는 법이 만들어지기 이전에 존재했고, 인간은 태어나면서부터 하늘에서 이 권리를 부여받았다는 자연법(自然法) 사상은 서양에서도 17세기나 되어서야 나타난다. 그런데 이천 년 전에 유방의 입에서 자연법사상과 유사한 내용이 선포되었다. 도대체 누구의 아이디어일까? 유방의 머리에서 나오지는 않았을 것 같다. 아마도 장량 아니면 소하의 아이디어일 것이다.

서양의 자연법 체계는 오랜 시간을 통해 체계화된 이론으로 발전해 왔다. 그런데 중국의 약법삼장은 누가, 어떻게 해서, 어떤 사상을 배경으로, 어떤 이론적 구조로 만들어졌는지 알 수 없다. 이천 년 전에 성난 민심을 추스르기 위해 불쑥 뛰어나왔다가 소리도 없이 역사 속으로 사라져 버렸다. 유방이 황제가 되기 전에 백성에게 약속한 공약(公約)이 황제가 된 후에 지키지 않는 공약(空約)이 되어 버렸다.

만일 약법삼장의 정신이 중국의 법체계에서 계속 이어져 왔다면, 중국은 지금보다 훨씬 살기 좋은 사회가 되지 않았을까!

13

법 앞에 평등은 없다

| 장석지, 초장왕 |

장석지(張釋之)의 자(字)는 계(季)이다. 그는 부유한 형의 집에서 함께 살았다. 한(漢)나라 효문제(孝文帝) 때 하급 관리로 일하였는데, 십수 년을 근무해도 중용되지 못하였고 박봉에 시달리고 있었다. 이에 불만을 표시하며 사직서를 제출하려 하자, 상관인 원앙(袁盎)의 도움으로 중용되어 황제를 만날 기회가 생겼다. 어느 날 효문제는 신료들에게 말하였다.

"북산(北山)에 있는 좋은 돌로 관(棺)의 외곽을 만들고 관 틈새를 잘 막고 옻칠을 해 두면 오래도록 관을 잘 보관할 수 있을 것이다."

주위에 있는 신하들이 말하였다.

"지당하신 말씀이옵니다."

그러나 장석지는 앞에 나아가 다른 의견을 말하였다.

"만일 관 속에 귀중한 부장품이 있다면 북산의 좋은 돌도, 훌륭한 옻칠도 관을 지켜 주지 못할 것입니다. 만일 관 속에 귀중한 부장품이 없고 단지 시체만 있다면 북산의 좋은 돌과 훌륭한 옻칠이 없어도 관의 안전을 보장할 수 있습니다."

효문제는 장석지를 총명하다고 여기고 정위(廷尉: 법을 다스리는 최고의 관리)로 승진시켜 주었다. 어느 날 효문제 일행이 다리를 지나고 있을 때, 한 백성이 다리 밑에서 갑자기 뛰어나왔다. 이로 인하여 말이 놀라고 황제도 놀라 얼굴이 하얗게 변했다. 황제는 장석지에게 법과 원칙에 따라 처벌할 것을 지시하였다. 장석지는 조사를 한 후 황제를 놀라게 한 자에게 벌금형을 내렸고, 그 소식을 들은 황제는 몹시 흥분하여 장석지를 불러 꾸짖었다.

"그자가 갑자기 뛰어나와 짐이 하마터면 말에서 떨어질 뻔했소. 그 말이 온순하여 다행히 다치지 않았지 하마터면 큰일 날 뻔했소. 그런 자에게 벌금형을 내리다니 판결이 너무도 약한 것 아닌가?"

장석지는 침착한 표정을 지으며 황제에게 말하였다.

"그자는 아랫마을 사람입니다. 폐하의 행차 소리를 듣고 두려운 마음에 다리 밑에 숨어 있었습니다. 폐하가 지나간 줄 알고 다리에서 나왔다가 폐하의 행렬을 보고 놀라서 달아난 것입니다. 이로 인하여 폐하를 놀라게 하였으나, 이는 고의로 한 것이 아니고 우연히 발생한 일로 판단됩니다. 이런 일로 백성의 목숨을 빼앗을 수는 없다고 생각합니다. 폐하께서도 백성들을 법에 따라 다스려야 백성이 폐하를 믿고 따를 것입니다. 만일 백성들이 법이 공평하게 집행되지 않는다고 생각한다면 백성들의 신임과 지지를 얻지 못할 것입니다. 만일 폐하께서 신에게 그자를 사형에 처하라고 명하셨으면, 신은 폐하의 뜻에 따라 처형하였을 것입니다. 그러나 폐하가 신에게 법과 원칙에 따라 처리하라고 명하셨으므로 그렇게 결정한 것입니다. 신의 판단을 존중하여 다시 한 번 생각하여 주시기 바랍니다."

효문제는 한참을 생각한 후 장석지의 의견을 받아들였다. 그 후, 효문제가 죽고 경제(景帝)가 즉위하였다. 그런데 경제가 태자 시절에 법을 어긴 것을 이유로 장석지가 탄핵한 사건이 있었다. 효문제는 장석지의 의견을 받아들였지만, 태자는 앙심을 품게 되었다. 그 태자가 황제로 즉위하였으니 장석지의 목이 잘릴 위기에 놓였다. 다행히 지방으로 좌천되는 것으로 마무리되고, 천수를 누리다 죽었으니 하늘의 도움이 있었던 것 같다.

두 번째는 임금이 신하들과 함께 잘못했지만 신하들만 처벌한 이야기다. 초(楚)나라 장왕(庄王)은 즉위하여 계속 술만 먹고 향락을 즐기면서 국가 대사를 돌보지 않았다. 대신들이 여러 번 건의를 해도 전혀 듣지 않았다. 어느 날 장왕은 엄숙한 태도로 신하에게 명령하였다.

"누구든지 짐에게 간언을 하는 자가 있으면, 사형에 처하리라."

장왕은 즉위 후 3년 동안 먹고 마시고 방탕한 생활로 허송세월하였으며, 국가 대사에는 전혀 관심을 두지 않았다. 이대로 가다가는 초나라가 망할 것이라고 생각한 오거(伍擧)라는 대신은 장왕에게 간언을 하기로 마음먹는다. 총명한 오거는 본인의 생명을 보전하면서 장왕에게 간언하는 방법을 찾는다. 오거는 장왕이 수수께끼를 좋아한다는 사실을 알고 장왕에게 수수께끼를 낸다.

"폐하, 신이 수수께끼를 하나 내겠습니다. 산에 한 마리 새가 있습니다. 그 새는 3년 동안 날지도 않고 울지도 않습니다. 이 새는 무슨 새이옵니까?"

장왕은 오거가 왜 수수께끼를 냈는지 알았지만, 오거를 처벌하지 않고 물러가라고만 하였다.

그로부터 몇 개월이 지났지만 장왕의 태도에 전혀 변화가 없었다. 충신 소종(蘇從)이 죽음을 무릅쓰고 장왕에게 건의한다. 이번에는 오거가 건의한 것처럼 수수께끼를 이용한 것이 아니었다. 직접적으로 장왕의 실정(失政)을 비판하였다. 장왕은 소종의 이야기를 듣다 갑자기 무엇을 깨달은 듯 저녁 연회를 중단시키고 국가를 성실히 관리하기 시작한다.

장왕은 소종과 오거와 같은 충신의 의견을 귀담아 듣고 정책에 반영하였다. 또한 과거 3년간 장왕과 함께 놀았던 부패한 관리와 간신배를 찾아내어 처형하였다. 이때부터 초나라는 국가의 기강이 바로 서고 강대해지기 시작하였다. 그러나 과거 3년간 국고를 낭비하고 허송세월한 장왕 자신은 어떠한 책임도 지지 않았다.

| 스캔하기 |

장석지와 장왕의 이야기를 읽고 있으면 답답함을 느낄 것이다. 우선 장석지의 무엇이 우리를 답답하게 하는지 찾아보자. 장석지는 효문제에게 말한다.

"폐하께서 신에게 그자를 사형에 처하라고 명하셨으면, 신은 폐하의 뜻에 따라 처형하였을 것입니다."

이 말은 임금의 지시가 법 위에 있다는 뜻이다. 우리는 "법 앞에 모든 사람은 평등하다."라고 배워 오지 않았는가? 그래서 답답함을 느낀 것이다. 2천 년 전 중국에서는 임금이 법의 통제를 받지 않았다. 그럼에도 불구하고 신하가 임금을 법망(法網)에 가두려고 한다면 목숨이 위험할 수도 있었다. 운이 좋은 장석지는 자신을 이해해 주는 효문제를 만나 중용되고 이름도 날렸다.

두 번째 이야기의 주인공인 장왕은 3년간 대신과 함께 향락에 빠져 국정을 살피지 않았지만 자신의 죄는 묻지 않았다. 혹자는 부패한 관리와 간신배를 찾아내기 위하여 장왕이 의도적으로 3년 동안 쇼를 했다고 주장하지만, 동의하기 어렵다. 함께 놀았던 장왕에게 죄를 묻지 못하는 현실이 우리를 답답하게 했다. 장왕 역시 법의 통제 밖에 있었다.

답답함을 풀기 위해서는 중국 법과 서양 법의 차이를 이해해야 한다. 영국의 정치철학자 존 로크(1631~1704)는 『통치론』을 저술하였다. 그에 의하면 인간은 생명, 자유 그리고 재산에 대한 권리를 가진다. 이 권리는 태어나면서부터 하늘로부터 평등하게 부여받은 천부인권(天賦人權)으로, 법으로 규정하기 이전부터 갖고 있는 자연권(自然權)이며, 이 자연권을 정부가 빼앗으려고 하면 국민에게 저항권이 있다는 것이다.

자유주의를 핵심으로 하는 로크의 사상은 영국의 명예혁명(1688년)과 미국의 독립선언(1776년)에 큰 영향을 미쳤고, 근대 자유민주주의 국가 형성에 기여하게 된다. 이러한 천부적 권리는 성문법이 없어도 판례에 의하여 보호받아 왔다. 왕, 대통령 그리고 수상(首相)을 포함한 모든 사람이 예외 없이 법 앞에 평등하고, 통치도 법이 허용한 범위 내에서 이루어진다. 서양에서 법은 개인의 권리를 보호하고 사회 정의를 구현하는 도구로 인식되어 왔다.

그러나 중국에서 법의 의미는 다르다. 중국은 3천 년이 넘는 성문법(成文法)의 역사를 갖고 있다. 그 법은 대부분 형법(刑法)으로 처벌을 의미한다. 법은 왕이 백성을 통치하기 위한 수단이지, 백성의 권리를 보호하거나 정의를 구현하는 수단이 아닌 것이다. 또한 법의 적용 대상은 백성들이고 왕은 당연히 법에 구속되지 않는다. 법을 지키고 안 지키는 것은 왕의 선택이다. 왕에게는 법을 지키는 것보다는 선정(善政)을 베푸는 것이 더 중요했다.

중국의 역사를 보면 혼란기에는 법가(法家)가 중시되었고, 안정기에는 유가(儒家)가 중시되었다. 한(漢) 무제(武帝)는 동중서(董仲舒)의 건의를 받아들여 유교(儒敎)를 국교(國敎)로 삼았으며, 청나라가 망할 때까지 유교는 중국의 지배 이념이 되었다.

『논어(論語)』 「위정(爲政)」편에 보면 "법과 형벌로 통치한다면 백성들은 잘못을 했지만 법망을 피해 형벌을 면하고도 수치심을 느끼지 않을 것이다. 덕과 예로서 다스린다면 백성들은 자신의 잘못에 대해 수치심을 느끼게 되니 스스로 잘 다스려질 것이다."라고 공자가 말했다. 이 문장은 지금도 중국인의 가슴속에 깊이 새겨져 있으며, 중국 사람들이 유교 경전을 상위개념으로, 또 법을 하위개념으로 인식하도록 하는 역할을 한다.

1949년 중화인민공화국이 성립되면서 사회주의 법체계를 도입하고, 1960년대 문화대혁명 시기에는 법이 필요 없다고 하여 대학 내 법학과가 폐지되고 법적 전문지식이 없는 퇴직 군인이나 일반 공무원이 판결하는 등 법이 천시되기도 하였다. 그러던 것이 1978 년 개혁개방을 하면서 다시 법을 체계화하기 시작한다.

1992년 중국에서 연수 중에 들은 이야기인데, 당시 중국 정부 는 재정이 부족하여 공무원 월급을 제때 지급하지 못했다. 힘 있 는 부서는 제때 받았지만, 힘없는 부서는 몇 개월씩 월급을 늦게 받았다. 그때 법 관련 부서는 가장 힘없는 부서로 분류되어서 몇 개월씩 월급을 늦게 받았다고 한다. 그러니 법관의 질도 떨어지고 법관의 자부심도 없었다.

그러다가 2002년 중국에도 사법시험 제도가 도입되면서 판사, 검사, 변호사가 되려면 이 시험에 통과해야 한다. 지금 중국에서 는 국제 수준에 어울리는 법률체계를 갖추고 유능한 법조인을 양 성하려는 노력을 기울이고 있다.

중국에서는 지도자라면 법에 상관없이, 특히 그것이 백성을 위 한 조치일 경우 초법적 선택을 할 수 있다는 생각이 아직까지 중 국인의 마음속에 남아 있는 것 같다. 왕이 성군(聖君)이고 덕(德)을 베풀 경우, 인치가 백성들에게 보다 효과적으로 편안함을 줄 수도 있다. 그러나 임금이 폭군(暴君)이라면 폭정(暴政)을 견제할 방법 도 없고 백성에게 돌아올 고통은 너무도 클 것이다.

가장 최근에 인치로 인한 최악의 사례는 바로 모택동의 문화대 혁명(1966-1976년)이다. 혁명을 이끈 홍위병은 대부분 10대 초반의 중학생이었으며, 홍위병의 지도자들은 사회의 최하층 계급 출신이었다. 중국 외교부를 하급 출신 공무원이 장악했고 대부분의 대사들은 본국으로 소환되어 단순한 일을 담당하였다. 지식인은 '안경 쓴 자'라고 손가락질 받았고 농촌으로 끌려갔다. 중국 고전과 전통이 부정되었으며, 대학생들은 대학교에서 중학생 교재로 공부를 했고, 그 학문적 수준은 초등학교 정도였다고 한다. 굶어 죽은 사람이 거리에 넘쳐났고, 홍위병에 의해 처형된 사람의 숫자는 정확한 기록도 없이 40만 명으로 추산하고 있으니, 지옥과 같은 어처구니없는 10년이었다.

법 위에 군림하는 군주에게 법을 적용하려고 한 장석지를 지금의 기준으로 보면 정의롭고 용기 있는 행동이라고 높이 평가할 것이다. 그러나 당시의 법 환경을 감안한다면, 장석지가 자신의 목숨을 건진 것도 천만다행이었다. 수천 년이 지났지만 지금도 중국에는 법 앞에 평등은 없다. 법 위에 군림했던 황제의 자리에 공산당이 앉아 있기 때문이다.

14

시장경제 유전자를 가진 사람들

| 관중, 범려, 사마천 |

『사기』에는 시장경제 체계를 이해하고 돈을 많이 번 사람들이 등장한다. 첫 번째 주인공은 제나라를 부강하게 만든 관중(管仲)이다. 제(齊)나라 환공(桓公)은 자신을 죽이려고 한 관중이 괘씸하였지만, 그의 능력을 높이 평가하고 승상의 자리에 임명한다. 관중이 주도적으로 경제 정책을 추진하면서 제나라가 부강해지기 시작했다. 인간의 심리가 경제에 어떻게 작동하는지 꿰뚫어 보는 혜안을 갖고 순리대로 경제 정책을 펼쳤기 때문에 가능했다. 『관자(管子)』「목민편(牧民篇)」에는 다음과 같은 글이 있다.

"곡식 창고가 가득해야 백성들이 예의를 차리기 시작한다. 의식주 문제가 해결된 이후에 비로소 체면을 차리기 시작한다."

또한 관중은 세금과 경제에 관한 상관관계도 잘 알고 있었다. 어느 날 환공이 관중에게 물었다.

"지금 국고가 거의 바닥이 보이려고 하오. 사람 머릿수에 따라 세금을 더 걷으려고 하는데 어떻게 생각하시오?"

"지금 백성들의 경제 상황이 좋아지지 않았습니다. 만일 사람 머릿수에 따라 세금을 더 걷으신다면 백성들은 가족의 숫자를 줄여서 신고할 것입니다. 실효를 거두기 어려울 것입니다."

"그러면 가축의 숫자에 따라 세금을 거두면 어떻겠소?"

"백성들은 가축을 죽여서 세금을 내지 않으려고 할 것입니다."

"그러면 나무 숫자에 따라 세금을 거두면 어떻겠소?"

"백성들은 아직 다 자라지 않은 나무를 자르고 세금을 내지 않으려고 할 것입니다. 그런 상황에서 홍수가 나면 산에 나무가 없어 산사태가 날까 우려됩니다."

"아니! 이것도 안 되고, 저것도 안 되면, 무슨 좋은 방도를 말해 보시오."

"백성들에게 제사를 장려하십시오. 제사를 준비하려면 각종 물건을 필요로 합니다. 거래가 늘면 상인들의 수입이 늘게 되고, 경제가 좋아지게 됩니다. 백성들의 주머니가 불룩해지면 국가의 창고도 자연히 가득 차게 됩니다."

환공은 관중의 의견을 따랐고, 제나라의 국고는 가득 차게 되었다. 관중은 이미 이천여 년 전에 세율을 낮추면 상인들의 거래가 활성화되어 나라 경제가 살아나고 국고가 채워진다는 경제 원리를 알았던 것이다.

관중은 국가를 운영하는 관리이지만 돈을 버는 데 대단한 식견이 있었다. 바다에 인접한 제나라에는 생선, 소금, 칠(漆), 견(絹), 가기(歌妓) 그리고 미녀(美女)가 많다는 것을 파악하였다. 관중은 풍부한 소금과 해산물을 국가가 관리하여 국고를 든든하게 하였다. 관중의 생활이 호화스럽고 사치해도 국가가 부강하고 백성의 지갑이 두둑하니, 관중을 비판하는 사람이 적었다고 한다.

세금을 적게 내려는 백성의 심리는 동서고금을 막론하고 크게 다르지 않다. 영국에서는 한때 부족한 세금을 충당하기 위해 화로의 개수에 따라 세금을 부과하는 화로세를 도입했다. 세금 징수원이 화로 숫자를 확인하러 집안에 들어오는 것을 국민들은 매우 불쾌하게 생각했고, 이에 따라 조세 저항도 심해졌다.

결국 화로세를 폐지하고 대신 집안의 창문 숫자에 따라서 세금을 거두는 창문세를 도입했다. 세금 징수원이 창문의 개수를 확인하러 집안에 들어가지 않아도 되는 장점이 있으나, 백성들은 세금을 적게 내려고 창문 숫자를 줄였다. 어떤 집은 창문이 전혀 없었다. 화로나 창문이 세금을 부과하는 적절한 기준이 되지 못했기 때문에 백성들은 불만을 쏟아내기 시작했고, 과도한 세금을 피하기 위해 백성들은 꼼수를 쓰기 시작했다. 백성들의 조세 저항이 강해지자 결국 창문세도 폐지되었다.

공자가 살았던 시절에는 '가정악어호(苛政惡於虎)'라는 말도 있었다. "포악한 정치는 호랑이보다 무섭다."는 뜻이다. 세금 부담을 견디지 못하니, 호랑이에게 물려 죽는 위험을 무릅쓰고 산속에 도망가서 산다는 말이다. 19세기 후반기에 5백만 명 가까운 독일 사람들이 미국이나 영국으로 이민을 간 것은 과도한 세금 부담이 부분적인 원인이 됐다고 한다.

1970년대 스웨덴의 세계적인 4인조 그룹 아바가 이민을 간 것은 스웨덴의 높은 세금이 원인으로 작용했고, 2000년대 초반 루이

뷔통의 베르나르 아르노 회장은 프랑스의 상속세와 소득세가 너무 높은 데 불만을 표시하며 국적과 전 재산을 벨기에로 옮겼다. 미국 애플사가 본사를 아일랜드로 옮긴 것은 미국의 높은 법인세율과 아일랜드의 낮은 법인세율 때문으로 알려져 있다. 고세율로 알려진 북유럽 국가의 바닷가에 요트가 많은 것은 세금을 적게 내기 위해 적게 일하겠다는 심리도 작용한 것이다.

세금 부담을 줄이려는 인간의 생각은 동서고금을 막론하고 변하지 않는 것 같다. 세금은 강압적으로 거둔다고 거두어지는 것이 아님을, 관중은 꿰뚫어 보았다.

두 번째 주인공은 시장경제 원리를 이용하여 부자가 되고, 그 돈을 주위 사람들에게 자발적으로 기부한 범려(范蠡)다. 그는 월(越)나라 구천(勾踐)이 오(吳)나라를 물리치고 중국 남부의 패자(霸者)가 되는 데 일등 공신이다.

범려는 구천의 관상을 통해 함께 어려움을 극복할 수는 있지만 함께 행복을 나눌 수는 없는 인물임을 꿰뚫어 보고, 월나라를 떠나 제(齊)나라로 간다. 월나라의 경제를 부흥시킨 경험을 살려 범려는 새로운 곳에서 개인 사업을 시작한다. 제나라에서는 '치이자피(鴟夷子皮)'라 칭했고, 도(陶) 땅으로 이사해서는 '주공(朱公)'이라고 칭했다. 상인으로 자신의 명성이 널리 알려지자 이름을 바꾼 것이다.

일반적으로 장사를 하기 위해서는 돈을 잘 벌 수 있는 장소를 물색하고, 장사가 잘되는 시기를 파악하고, 좋은 제품을 잘 조달하는 방법을 확보하는 것이 기본이다. 범려도 이와 같은 기본적인 사항에 근거하여 상점을 차리고 장사를 시작하였다. 그러나 일반적인 상인이 생각하지 못한 점을 범려는 생각하고 실천한 것이 있으니, 바로 길게 보는 사업 수완과 자발적 기부(寄附)였다.

범려는 돈을 많이 벌려고 하였지만 자신과 거래하는 모든 사람들에게 손해가 가지 않도록 최선을 다했다. 물건을 사 올 때는 물건 값을 넉넉히 주었고, 물건을 팔 때는 폭리를 취하는 일이 없었다. 범려와 한 번 장사해 본 사람은 범려와 계속해서 거래를 하고자 하였으니 그의 사업은 갈수록 번성하였다. 멀리 보고 신용으로 장사했기 때문에 다른 상인들과의 경쟁에서 승리한 것이다.

범려는 19년 동안 큰돈을 세 번 벌었고, 그 번 돈을 친구나 먼 친척에게 모두 나누어 주었다. 범려가 덕을 베풀면서 남에게 도움을 주고 자신도 만족을 얻으니 일거양득(一擧兩得)이었다. 요즘 말로 하면 자발적 기부에 해당된다. 여기서 '자발적'이라는 단어가 중요하다. 강제적 기부는 세금의 일종으로 부자에게는 부담이 되고, 가난한 사람에게는 권리로 여기게 되는 부작용이 발생한다.

세 번째 주인공은 「화식열전」에서 경제의 본질을 꿰뚫어 보는 사마천이다. 그는 『사기열전』 70편 중 사실상 마지막인 69편에 「화식열전」을 배치하여 그 중요성을 강조했다. 상인(商人)들이 천시받는 현실에서 「화식열전」을 포함시킨 것은 사마천의 뚝심이었다. 그는 "상인들이 무위무관(無位無冠)의 평민으로서 정치를 어지럽히지도 않고 남의 생활을 방해하지도 않고 때맞춰 거래해서 재산을 불려 부자(富者)가 되었다."라고 배치 이유를 설명하면서, 상인에 대하여 긍정적인 태도를 취한다. 「화식열전」에 나타나는 사마천의 경제관을 들여다보자.

첫째, 이익을 좋아하는 인간의 본성을 정확하게 간파했다. 사람들은 이익을 위해 모이고 이익을 위해 흩어진다. 그러므로 위정자들이 나라를 다스릴 때 우선 이익으로 백성을 인도해야 하고, 그다음은 도덕으로 백성을 교화하고, 이것으로도 따르지 않는 백성은 형벌로 다스려야 한다고 했다.

둘째, 물자 교환의 중요성을 강조했다. 닭 울음소리를 서로 들을 수 있을 정도로 작은 규모의 촌락 공동체에서 이웃 나라와 교류를 하지 않는 것이 가장 이상적인 사회라는 노자(老子)의 주장을 구시대적이며 시대착오적 생각이라고 일침을 가한다. 또한 주서(周書)를 인용하여 말하기를, 농민이 생산하지 않으면 곡식이 부족하고, 공인(工人)이 만들지 않으면 제품이 부족하고, 산택관(山澤官)이 일하지 않으면 자재(資材)가 부족해지고, 상인이 사고팔지 않으면 모두가 끊어진다고 하면서 상인의 중요성을 강조했다.

셋째, 말로만 인의(仁義)를 부르짖는 위선자들을 비판한다. 경제적으로 집안 식구들을 부양하지도 못하는 주제에 부끄러운 줄도 모르고, 가난함을 즐긴다고 허세부리며 입만 열면 인의(仁義)를 떠들어대는 정신 나간 위선자들을 보면 부끄럽다고 생각했다.

경제학의 아버지 애덤 스미스(1723-1790)는 24년간 공을 들여 『국부론(國富論)』을 완성했다. 핵심적인 단어는 '이기심', '분업' 그리고 '시장'이다. 사마천의 경제관과 얼추 비슷하니 한번 따져 본다.

첫 번째, 사람은 이기심에 근거하여 열심히 살면 그것이 남에게 도움을 주는 이타적(利他的) 행동이 된다는 것이다. 빵집 이야기를 예로 든다. 빵집 주인은 돈을 벌겠다는 이기심으로 최고의 빵을 만들어 돈을 벌지만, 결과적으로 빵을 사 먹는 소비자에게 도움을 주었다는 것이다. 이익을 좋아하는 것은 인간 본성이라는 사마천의 말과 비슷하다.

두 번째, 분업이 부(富)를 늘린다는 것이다. 혼자서 핀을 만들면 하루에 20개를 만드는데, 분업을 하면 전문성과 생산성이 좋아져 10명이 하루에 48,000개를 만들 수 있다는 것이다.

세 번째, 이러한 상품은 시장에서 자발적으로 교환되며, 서로에게 도움을 준다. 수요와 공급에 의한 가격은 '보이지 않는 손(invisible hand)'에 의하여 결정된다는 것이다. 사마천은 농민, 공인, 산택관이 각각 만든 제품이 상인에 의해서 시장에서 교환되면서 서로에게 도움이 된다는 점을 간파했다. 분업과 시장의 원리를 찾아낸 애덤 스미스의 이론과 유사하다.

| 스캔하기 |

고대로부터 중국 지식인의 머릿속에는 사농공상(士農工商)이 자리 잡고 있었다. 상인은 가장 천한 신분이고, 생산도 하지 않으면서 먹고사는 나쁜 존재로 인식되었다.

그러나 사마천은 먹고사는 것이 충족되어야 그다음이 있다고 보았으며, 빈곤을 탈출하여 부자가 되기 위해서는 농공상(農工商)이 아니라 상공농(商工農)이 되어야 한다고 보았다. 상인의 중요성을 간파한 것이었다. 그래서 사마천이 「화식열전」을 「열전」에 포함시켰고, 이것이 당대는 물론 후대의 지식인(士: 문인)들로부터 손가락질을 받는 원인이 된다.

명나라 때 정화(鄭和, 1371-1435)가 1405년에서 1433년까지 7차에 걸쳐 바다 원정을 시행할 당시, 중국은 전 세계에서 초강대국이며 선진국이었다. 원정 후 명나라 황제는 다른 나라와의 무역 및 시장 개척의 필요성을 느끼지 못했다. 오히려 장거리 무역으로 상인 지방 세력이 강해지는 것에 위협을 느껴 해외 원정을 중단하고 모든 배를 폐기하고 중앙집권을 강화했다. 중국 상인들은 중앙의 통제를 피해 동남아 등 세계 각지로 흩어져서 장사 수완을 발휘한다.

중국이 안주하고 있을 때 17-18세기 서양에서는 개인의 자유가 보장되고 사유재산권이 인정되는 상황 하에서 과학 기술이 폭발적으로 발전한다. 그 결과 1840년 중국(청(淸)나라)은 서양 열강에게 강제적으로 문을 열게 되는 치욕을 당하고 1912년 멸망하게 된다. 그리고 장개석이 이끄는 국민당과 모택동이 이끄는 공산당의 내전을 거치면서 1949년 공산당이 승리하여 중화인민공화국이 건국된다.

절대 권력을 장악한 모택동은 마르크스와 진시황을 이용해서 통치하기 시작했다. 1958년 대약진운동, 1966년 문화대혁명을 추진하면서 역사의 시계를 거꾸로 돌려놓으려고 했고, 이에 수많은 희생자가 발생하였다. 1976년 모택동이 죽고, 1978년 오뚝이처럼 일어선 등소평이 개인의 사유재산을 인정하고, 인센티브 제도를 도입하고, 시장경제를 받아들인다는 개혁개방을 선언하게 된다.

그 후 중국은 30년간 매년 높은 경제성장률을 기록하면서 놀라운 성과를 이루었으며, 2001년 세계무역기구(WTO)에 가입하면서 세계무역시장에 몸을 던진다. 중국은 발전하는 과정에서 일본, 싱가포르, 한국으로부터 경제 발전의 경험을 배웠으며, 수백 년 전 세계로 흩어졌던 중국 상인들의 도움도 받았다.

중국은 현재 공산당 일당 독재국가임에도 불구하고 시장경제를 받아들여 중국식 시장경제를 만들어 가고 있다. 이것은 아마도 중국인의 몸속에 관중, 범려 그리고 사마천의 상인 유전자가 퍼져 전해 오기 때문일 것이다.

15

사람의 마음을 읽다

| 오자서, 진평, 항우 |

뒤에서는 추격대가 쫓아오는데 앞에 큰 강이 나타난다. 그리고 강 위에 떠 있는 조그만 배를 타고 위험을 탈출하는 장면은 『사기』에서 여러 번 등장한다. 이 순간 배보다 더 중요한 것은 뱃사공의 마음을 아는 것이다.

첫 번째 이야기의 주인공은 좋은 뱃사공을 만나 손쉽게 강을 건너는 오자서(伍子胥)이다. 아버지와 형이 초(楚)나라에서 억울하게 처형을 당하고, 오자서는 복수를 하기 위해 혈혈단신 초나라를 떠난다. 초나라 국경을 가까스로 벗어났지만 초나라 추격대가 추격해 온다고 생각하니 잠시도 길에서 쉴 수가 없었다.

한참을 도망가다 큰 강 앞에서 멈추어 선 오자서가 마음은 급하고, 어떻게 강을 건너나 생각하고 있는데 강가에 한 척의 배가 떠 있다. 오자서는 큰소리로 그 어선을 불렀다. 어부는 강변에 가까이 와서 오자서를 한번 살펴본 후에 오자서의 요청에 응하였다. 비록 어선을 타고 강을 건너고 있지만 마음을 놓을 수 없었던 오자서는 계속 불안하게 주위를 살폈고, 마침내 강을 건너자 어부에게 고맙다는 인사를 하며 말하였다.

"이것은 초나라 왕이 저의 부친에게 하사한 것이오. 지금 나의 목숨을 구해 주셨으니 어떻게 감사를 표시해야 할지 모르겠습니다. 나의 보검을 받아 주십시오."

어부는 큰 소리로 웃으면서 말하였다.

"선생께서 나의 배에 오르기 전에 나는 이미 선생이 누구인지 알고 있었소. 초나라는 오만석의 양식을 현상금으로 걸고 당신을 잡으려 하고 있소. 그러나 나는 재물에 전혀 관심이 없소."

오자서는 그 말을 듣자 한편으로 고맙고 한편으로 무안하기도 하였다. 오자서는 어부에게 다시 한 번 진심으로 감사의 마음을 전하고 급히 도망간다. 탈출 과정 여기저기에서 스트레스를 많이 받았던 오자서의 머리는 갑자기 백발로 변했고, 마침내 오나라에서 중용된다. 오자서는 스스로 다짐한 대로 오나라 군대를 이끌고 초나라를 공격하여 원수를 갚는다. 만일 어부가 나쁜 사람이라면 오자서는 물고기 밥이 되든지 아니면 큰 위험에 직면하였을 것이다.

두 번째 이야기의 주인공은 나쁜 뱃사공을 만났지만 슬기롭게 위기를 모면하는 진평(陳平)이다. 그는 가난하였지만 형의 도움으로 도시에서 공부할 수 있었다. 진평이 장부(張負)의 손녀와 결혼을 하게 되는데, 그 여자는 이미 다섯 번이나 결혼한 적이 있었다. 왜냐하면 다섯 번이나 남편이 갑자기 죽었기 때문이다. 진평이 바로 여섯 번째 남편이 된 것이다.

진평은 항우의 부하로 많은 공을 세운다. 그러나 항우가 진평을 의심하기 시작하자, 화를 피하기 위해 몰래 항우의 곁을 떠난다. 도망가던 중 큰 강을 만나게 된 진평은 강 위에 떠 있는 작은 어선을 발견하고 배에 오른다. 그러나 진평이 뱃사공을 유심히 관찰해 보니, 그는 분명히 재물에 욕심을 내고 있었다. 뱃사공은 재물을 얻기 위해 마치 진평을 죽이려고 하는 것 같았다. 진평은 배가 강물을 가르고 지나갈 때 상의를 벗고 자신이 돈이 없음을 보여 주었고, 뱃사공은 진평이 무일푼이라고 생각하고 더 이상 나쁜 마음을 먹지 않았다.

　　진평은 유방의 밑에서 능력을 발휘한다. 진평은 특히 간계(奸計)에 능해서 항우의 군사를 여러 번 곤경에 처하게 하였다. 진평은 돈으로 항우의 부하를 매수하여 소문을 퍼뜨렸다. 항우는 그 소문을 믿고 자신의 최고 참모 범증(范增)을 파면한다. 유방이 많은 전쟁에서 위험에 처했을 때, 진평은 묘수를 찾아내어 유방을 구해 주기도 하였다. 탐욕스런 뱃사공을 만나서도 기지를 발휘하여 위기를 모면한 진평은 유방 밑에서 중용되었으며, 많은 개국 공신이 유방에 의하여 처형되었음에도 불구하고 천수를 누릴 수 있었다.

　　세 번째 이야기의 주인공은 배와 뱃사공을 만났지만 걷어차 버리는 항우(項羽)이다. 그는 초(楚)나라 출신으로 수많은 전쟁에서 이겼지만, 결국 한(漢)나라 유방(劉邦)에게 패하여 자살하게 된다. 항우가 유방의 군대에게 쫓겨 도망가면서 자신에게 말한다.

　　"내가 군사를 일으킨 지 벌써 8년이 되었다. 그동안 70여 차례 전투에서 한 번도 패한 적이 없다. 나는 현재 나의 패배를 인정할 수 없다. 이것은 나의 능력이 떨어지는 것이 아니고 하늘이 나를 버린 것이다"

항우는 몇 백 명의 정예 부대를 이끌고 야밤에 한나라 포위망을 뚫고 도망을 시도한다. 그러나 한나라 군대는 급히 추격부대를 보내 항우의 군대를 추격하였고, 남쪽으로 도망을 가던 항우는 길을 잃게 된다. 어떤 노인이 길을 묻는 항우에게 길을 알려 주었다. 그러나 항우 군대는 그 노인에게 속아 마침내 늪지대를 만나 도망갈 수 없게 되었다. 그 노인을 욕해 봤자 소용없었다. 뒤에서는 한나라 추격대가 달려와 항우의 군대를 포위한다.

항우는 포위망을 벗어나는 것은 이미 어렵다고 판단한다. 그러나 그냥 앉아서 죽을 수는 없는 일이 아닌가? 항우는 살아남은 수십 명의 군사를 넷으로 나누어 작전을 세워 한나라 군대의 포위를 돌파하고자 하였다. 항우와 수십 명의 군사들은 한나라 군대의 포위를 뚫고 약속한 장소에 도착하였다. 계속 이러한 방법으로 한나라 군대의 포위망을 뚫고 마침내 오강(烏江)에 도착하였다. 오강을 관리하던 책임자가 항우에게 건의한다.

"빨리 배에 오르십시오. 우선 강을 건너고 그다음에 강동(江東)에서 후일을 도모하시면 됩니다."

항우는 씁쓸하게 웃으며 대답하였다.

"강동은 내가 팔천 명의 군사를 일으킨 곳이다. 그들이 지금 모두 죽고 나 혼자 이렇게 살아 있다. 비록 죽은 군사의 가족들이 나를 받아 준다고 해도 내가 그들을 볼 면목이 없구나. 그들이 나를 용서해 준다고 해도 내가 나를 용서해 줄 수가 없구나."

항우는 마지막 최후의 결전을 다짐한다. 항우가 수많은 한나라 군사를 죽였지만, 항우 혼자서 그 많은 군사를 다 죽일 수는 없었다. 항우도 이미 몸에 많은 상처를 입은 상태로 지쳐 있었다. 이때 항우는 한나라 군대 속에서 자신의 옛 친구를 알아보고 그에게 말한다.

"듣자 하니 유방이 나의 목에 현상금을 걸었다고 하는데 내가 친구에게 좋은 선물을 주지. 나의 목을 가지고 가거라."

그렇게 말하고 항우는 친구의 바로 앞에서 목을 찌르고 자살하였다. 항우가 유방보다 중국을 통일하기에 유리한 위치에 있었음에도 불구하고 패하게 된 것은 이유가 있다.

첫째, 그는 항시 초나라를 생각했다. 전쟁 중에도 초나라로 돌아가 주위 사람에게 자신의 성공을 과시하고 싶어 하였다. 둘째, 항우는 참모의 건의를 받아들이지 않았다. 셋째, 항우는 자신의 잘못을 인정하지 않았다. 항우는 유방에게 쫓겨 가면서 말하였다.

"나는 지금 나의 패배를 믿을 수 없다. 이것은 나의 능력이 떨어지기 때문이 아니고 하늘이 나를 도와주지 않았기 때문이다."

항우는 핑계를 만들어 자신의 잘못을 인정하려 하지 않았다. 넷째, 항우는 다른 사람을 용서하지 않았고 자기 자신도 용서하지 않았다. 그래서 그는 오강에서 배를 타라는 뱃사공의 건의를 걷어차고 죽음을 선택했던 것이다.

진인사대천명(盡人事待天命)이라고 하지 않았던가! 인생에서 열심히 노력해야 하는 것은 당연하지만 천운에 의해 희비가 갈리는 경우도 있다. 그것을 인생의 한 부분으로 받아들이는 겸허한 자세가 필요하다. 항우는 자신의 능력이 부족함에도 불구하고 굴러 들어온 행운마저 걷어차는 인물이니, 중국 통일의 주인공이 될 수 없었던 것이다. 만일 항우가 배를 타고 오강을 건넜다면 유방의 중국 통일은 장담할 수 없었을지도 모른다.

| 스캔하기 |

사람의 마음을 읽는 것은 어렵다. 아니, 거의 불가능한지도 모른다. 그럼에도 불구하고 마음을 읽기 위한 노력은 그 옛날부터 지금까지 계속되고 있다. 관상, 수상, 독심술 등 여러 가지 방법으로 시도해 보지만 부정확하고 제한적이다.

그런 의미에서 미치오 카쿠 물리학교 교수가 쓴 책『마음의 미래』는 새롭다. 이 책은 많은 뇌 전문가와 의견을 교환한 후 물리학적 시각에서 정리하였으며, 사람의 마음을 읽는 것이 가능해지고 있음을 소개한다.

"파리에 있는 꼴레주드프랑스(College de France)의 스타니슬라스 드핸느(Stanislas Dehaene) 박사는 숫자를 기억하는 두정엽을 MRI로 촬영하여 피험자가 머릿속에 떠올린 숫자를 맞추는 실험을 하고 있는데, 특정한 숫자는 매우 독특한 MRI 패턴을 나타낸다고 한다."(111쪽)

"지금은 MRI를 이용하여 꿈에 보이는 대략적인 영상을 비디오테이프에 담는 수준까지 발전했다."(270쪽)

"'라디오파 신호가 두뇌 밖으로 나오면 강도가 빠르게 감소하여 몇 미터 떨어져 있어도 무슨 내용인지 도저히 판독할 수 없다'고 했다. (중략) 패러데이 상자(Faraday cage) 같은 차폐장치를 머리에 두르면 당신의 가장 은밀한 생각이 다른 사람의 손에 들어가는 불상사를 방지할 수 있다."(124–125쪽)

요약하면 1990년대에 두뇌를 스캔하는 각종 장비가 개발되면서 MRI로 인간의 마음을 읽는 것이 초보적인 수준에서 가능해지기 시작하고 있으며, 이 기술이 조금 더 발전하면 나도 모르게 내가 생각하는 것을 외부에서 읽어 낼 수 있고, 이런 상황을 피하기 위해 차폐용 모자를 쓰고 다닐지도 모른다는 것이다. 뇌 스캔 기술의 발전은 뇌 질환 치료에 획기적인 도움을 줄 수도 있지만 잘못 사용되면 끔찍한 상황이 발생될 수도 있다.

아직까지 인간의 마음을 읽는 것은 불가능하다. 앞으로도 인간의 마음을 완전하게 읽는 것은 불가능할지도 모른다. 그러나 인간의 마음을 읽으려고 하는 시도는 과학의 발전과 별도로 인간사회에서 끊임없이 이어질 것이다. 오자서, 진평, 항우와 뱃사공들의 이야기는 우리에게 좋은 교훈을 준다.

보통 사람은 위기에 처했을 때 배를 만나면 도움을 받을 수 있다고 생각하며 기뻐할 것이다. 그러나 반드시 조심하고 신중해야 한다. 배보다 더 중요한 것은 바로 누가 그 배를 젓느냐는 것이며, 뱃사공의 마음속을 살펴보는 것이다.

16

관상과 미래의 운명

| 구천, 진시황, 유방, 백비 |

『사기』에는 관상(觀相)에 대한 이야기가 여러 차례 등장한다. 너무나 정확하게 관상에 따라서 왕도 되고 배신도 한다. 구천, 진시황, 유방, 백비의 이야기를 통해 관상이 어떤 의미를 담고 있는지 생각해 보자.

첫 번째, 함께 행복을 공유할 수 없는 운명을 타고난 구천(句踐)의 관상을 들여다보자. 범려(范蠡)는 월(越)왕 구천을 도와 오(吳)나라를 멸망시키고 구천 곁을 떠난 인물이다. 월왕 구천을 도운 신하 중 범려와 문종(文種)이 대표적이다. 범려가 월나라를 떠나려고 하자, 구천은 월나라의 영토 반을 줄 테니 떠나지 말라고 간청한다. 범려가 말을 듣지 않고 떠나려 하자 목숨을 거두겠다고 협박까지 했다. 그러나 범려는 구천의 회유와 협박에도 불구하고 조용히 월나라를 떠난다.

왜 범려는 구천을 떠난 것일까? 범려가 제(齊)나라로 떠난 이후 동료 문종에게 보낸 편지에서 그 답을 얻을 수 있다. 편지에서 범려는 문종에게 말한다.

"하늘에 날아다니는 새가 사라지면 활과 화살은 쓸모가 없어 창고에 보관됩니다. 토끼를 잡는 개도, 토끼가 없어지면 쓸모가 없어져 주인에게 잡아먹힙니다. 구천은 목이 길고, 입술이 검습니다. 이러한 관상을 가진 자는 함께 어려움을 극복할 수는 있지만, 함께 행복을 공유할 수는 없습니다. 이미 목표를 이룬 군주의 곁에 큰 공을 세운 신하가 함께 있는 것은 위험합니다. 빨리 구천의 곁을 떠나시기 바랍니다."

'토사구팽(兎死狗烹)'이라는 고사성어가 만들어지는 순간이다. 문종은 범려의 뜻을 이해하였지만, 아프다는 핑계로 조정에 나가지 않았을 뿐 구천의 곁을 떠나지는 않았다. 문종은 오나라와의 전쟁에서 구천과 생사를 같이했다. 그러므로 구천이 절대로 자신을 처형하지는 못할 것이라고 믿었다. 이때 구천이 문종에게 보검을 보내왔다. 문종이 후회해도 이미 때는 늦었다. 문종은 그 보검으로 자결하고 말았다.

문종은 범려의 이야기에 동감하면서도 상황이 변화된 사태의 심각성을 깨닫지 못하여 죽음을 이르렀다. 결국 구천은 관상에 나타난 대로 왕이 되고 난 후 어려울 때 함께 고생한 신하 문종을 버리게 된다.

두 번째 이야기의 주인공은 정권을 잡으면 백성을 가벼이 죽이는 관상을 가진 진시황(秦始皇)이다. 그는 13세 때 진나라 왕에 즉위하였으며 성년이 되면서 왕권을 강화한다. 유가(儒家) 사상을 탄압하고 법가(法家) 사상을 중시하면서 최초로 중국을 통일한다. 진나라가 아직 중국을 통일하기 이전에 위요(尉繚)라는 신하가 중국 통일 방안을 진시황에게 건의한다.

"대왕께서 대업을 이루는 데 돈을 아끼지 마십시오. 삼십만 금이 있으면 각 나라의 유능한 대신을 매수할 수 있습니다. 그러면 진나라는 중국을 통일할 수 있습니다."

진시황은 위요의 건의를 받아들였고, 이는 중국 통일에 중요한 역할을 하게 된다. 그러나 위요는 개인적으로 진시황의 관상에 대하여 다음과 같이 말하면서 도망갔다.

"진시황의 눈은 길게 찢어져 있고, 코는 주먹코이고, 가슴이 좁은 새가슴이다. 목소리는 가늘고 높다. 이런 관상을 가진 자는 어려울 때는 겸손하게 행동하지만 정권을 잡으면 백성 죽이기를 가벼이 할 것이다. 지금 진시황이 나를 잘 대해 주지만, 일단 중국을 통일하고 정권이 안정되면 백성을 노예처럼 부릴 것이다. 이런 사람하고는 오랫동안 함께 지낼 수 없다."

진시황은 여섯 나라를 멸망시키고 중국을 통일한 후 위요의 예상대로 폭력정치로 백성들에게 커다란 고통을 가져다준다. 위요는 진시황의 관상에서 폭군의 그림자를 읽었고, 진시황은 관상대로 백성들을 가벼이 죽였다.

세 번째 이야기의 주인공은 위대한 인물이 될 관상을 타고난 유방(劉邦)이다. 그는 패현(沛縣) 사람으로, 젊어서부터 술을 좋아하는 것을 제외하고는 특별한 재주가 없었다. 집안에서 유방의 부친과 형은 유방을 우습게 보았다.

유방이 패현에서 하급관리로 일한 적이 있었다. 패현에서 여공(呂公)이라는 사람이 연회를 베풀었다. 여공은 패현 현장(縣長)의 친구였다. 현장은 그곳에서 하급관리로 일하고 있는 소하(蕭何)를 보내 연회에서 손님 접대하는 일을 도와주라고 하였다. 소하가 연회에 참석한 손님에게 말하였다.

"천 원 이상의 선물을 가져오신 분은 앞쪽에 앉아 주시고, 천 원 이하의 선물을 가져오신 분은 뒤쪽에 앉아 주십시오."

유방은 돈 한 푼 가져오지 않았지만 일만 원이라는 표시를 하고 앞쪽으로 갔다. 여공은 이 소식을 듣고 직접 나와 유방이 상석에 앉도록 안내하였다. 유방은 상석에 앉아서 아주 의젓한 태도로 계속해서 술을 마셨다. 여공이 유방의 얼굴과 모습을 계속 유심히 관찰하였다. 관상에 조예가 깊은 여공의 눈에는 유방의 모습이 예사롭지 않았다. 여공은 마음속으로 유방이 장차 위대한 인물이 될 것이라고 확신하였다. 연회가 끝난 후, 여공은 유방에게 정중하게 말하였다.

"나에게 딸이 한 명 있는데 귀공에게 시집을 보내고 싶소. 귀공의 생각은 어떻소?"

유방은 여공의 제안을 받아들여 여공의 사위가 되기로 하였다. 물론 여공의 부인은 별 볼 일 없는 유방에게 딸을 시집보내는 것에 대하여 반대하였지만 여공의 결정을 바꿀 수는 없었다. 여공이 바라본 관상대로 유방은 진(秦)나라 멸망 후 분열된 중국을 통일하고 한(漢)나라를 세운다.

네 번째 이야기의 주인공은 이익에 강하게 집착하는 관상을 가진 백비(伯否)이다. 백비는 초(楚)나라 사람으로, 초나라 평왕(平王)이 백비의 가족을 처형하자 오(吳)나라로 도망 온다. 그 이전에 오자서(伍子胥)는 초나라 평왕이 자신의 아버지와 형을 죽이자 원수를 갚기 위해 초나라를 탈출하고, 그 후 오나라에서 중용되었다. 오자서는 초나라에서 온 백비를 천거하여 중용되도록 도와준다. 어느 날 오나라의 대신이 오자서에게 말한다.

"오자서 어른께서는 특별한 관심을 가지고 백비를 잘 대해 줍니다. 무슨 특별한 이유라도 있습니까?"

오자서가 대답하여 말하였다.

"백비는 초나라에서 오나라로 도망 왔소. 또한 백비의 집안이 초나라 평왕에게 몰살당하는 그 상황이 나와 아주 흡사하오. 그래서 나는 백비를 도와주고 있습니다."

그러나 그 대신은 조심스럽게 오자서에게 말한다.

"아! 이제야 그 이유를 알겠습니다. 그러나 백비를 조심하여야 합니다. 그의 눈은 새의 눈처럼 생겼습니다. 걷는 모습은 마치 호랑이가 걷듯이 어슬렁거립니다. 이런 사람은 이익을 챙기는 데 강한 집착을 보입니다. 그리고 성격이 잔인합니다. 그는 자신의 이익 이외에 다른 것은 전혀 고려하지 않을 것입니다. 백비를 멀리하십시오."

오자서는 대신의 충고를 받아들이지 않는다. 그 후 오자서와 백비의 의견이 충돌하기 시작할 때, 백비는 이미 오왕 부차의 신임을 받고 있었다. 결국 오자서는 백비의 모함을 받게 되고, 오왕은 오자서에게 검을 하사하며 자살을 명한다. 관상을 무시했던 오자서가 오왕과 백비를 원망하며 자살하니, 후회해도 이미 때는 늦었던 것이다.

| 스캔하기 |

관상대로 살았던 사람들을 열거하니 마치 필자가 관상 홍보대사라도 된다고 생각할지 모르겠다. 하지만 정반대다. 관상으로 미래를 볼 수 있다고 생각하지 않는다.

그런데 『사기』에서는 왜 주인공들이 관상대로 살아가는 것일까? 정답은 관상대로 살았던 것이 아니라, 관상대로 살았던 사람만을 모아 기록했기 때문일 것이다. 관상대로 살지 않은 그 많은 사람들의 이름을 『사기』에 기록하지 않았다는 의미이다. 확증 편향을 볼수 있는 대목이다. 사마천이 자신의 신념과 일치하는 자료에 관심을 갖고, 자료를 모으고 기록했던 것이다. 아마도 사마천은 관상을 믿었던 것 같다.

관상으로 미래를 예측하는 것은 불가능하다고 생각한다. 그러나 관상이 전혀 쓸모가 없는 것은 아니다. 관상을 보면 그 사람이 어떤 인생을 살았는지 대략 짐작하는 것은 가능할 것 같다. "나이 40이 되면 자신의 얼굴에 책임을 져라."는 말이 있다. 지난 40여 년간 자신이 살아온 인생이 얼굴에 드러나니 책임감 있게 살라는 의미일 것이다.

일반 사람도 나이 40이 넘은 인생 경력이면 40이 넘은 상대방을 보면서 이야기해 보고 그 사람의 문화 수준, 학력 수준, 어떤 종류의 직업에 종사하는지, 인간 됨됨이 등을 대충 짐작할 수 있다. 더욱이 전문적으로 관상을 보는 사람이라면 많은 경험을 통해 보다 정확하게 그 사람됨을 관상을 통해 어느 정도 추측할 수 있을 것이다.

춘추 전국시대는 경쟁의 시대였다. 왕들은 유능한 인재를 찾아 중용해야 패자(覇者)가 될 수 있는데 그 사람을 어느 정도 믿을 만한지 판단하는 것이 어려웠다. 지금도 마찬가지다. 삼성의 고(故) 이병철 회장은 평소 사업을 계획하고 그 미래를 예측하는 것은 자신 있는데, 사람을 알아보는 것은 확신이 서지 않는다고 말했다고 한다. 관상에 관심을 갖게 되는 이유이다.

2,000년 전에는 관상으로 그 사람의 미래를 볼 수 있다고 믿었어도 그럴 수 있다. 그러나 이제 21세기다! 관상으로 사람 됨됨이를 추측하는 것은 몰라도 관상으로 미래를 보겠다는 것은 미신(迷信) 아니겠는가?

17

점성술과 과학

| 범려 |

범려(范蠡)는 중국에서 가장 본받고 싶어 하는 사람 중의 한명이다. 범려는 월(越)나라 왕 구천(勾踐)을 도와 오(吳)나라를 격파하고 당시 중국 남부 일대를 통일한다. 범려의 도움이 없었다면 구천은 와신상담(臥薪嘗膽)을 하면서 재기를 노렸다 해도 결코 성공하지 못했을 것이다. 그만큼 범려는 월나라에서 중요한 위치를 차지했다.

구천의 강력한 만류에도 불구하고 월나라를 떠난 범려는 제나라에 도착하여 자신의 신분을 감추기 위해 이름을 바꾸고 장사를 시작한다. 그는 탁월한 장사 수완과 성실함으로 재산을 모은다. 그리고 이름이 알려지기 시작하자, 모은 재산을 친척과 친구에게 나누어 주고 제나라를 떠난다.

새로운 곳에서 범려는 다시 성과 이름을 바꾸어 '주공'이라고 불린다. 그곳에서도 범려는 제나라에서와 같이 많은 돈을 벌게 된다. 이때 범려의 둘째 아들이 초나라에서 사람을 죽이고 감옥에서 죽음을 기다리고 있다는 소식이 전해 온다. 둘째 아들을 길거리에서 죽게 할 수는 없었던 범려는 둘째 아들 구할 방법을 생각한다. 마침내 범려는 셋째 아들을 초나라에 보내 많은 돈과 편지를 초나라의 장생(庄生)이라는 사람에게 전달하고자 했다. 이때 범려의 장남이 반대하면서 말하였다.

"저는 장남으로서 아버님의 명을 받들어 초나라에 가서 둘째를 구해 오는 것이 저의 임무라고 생각합니다. 만일 아버님이 저를 대신해서 막내를 초나라에 보내신다면 저는 자살하겠습니다."

범려는 할 수 없이 장남을 초나라에 보내면서 당부의 말을 하였다.

"초나라에 도착하면, 내가 쓴 편지와 이 돈을 내 친구인 장생에게 전달해라. 너는 반드시 장생의 말에 따라 행동해야 한다. 절대로 장생의 말을 거역해서는 안 되느니라."

장남은 걸음을 재촉하여 초나라 장생의 집에 도착하여 편지와 돈을 장생에게 전달하였다. 장생은 편지를 읽어 본 후, 장남에게 말하였다.

"그대는 지금 바로 부친에게 돌아가게. 절대로 초나라에서 지체해서는 안 되네."

그러나 장남은 장생의 말을 듣지 않았다. 장남은 초나라에서 자신이 가지고 있는 돈으로 관리를 매수하여 둘째를 구하려고 노력하였다. 한편 장생은 적절한 기회에 초나라 왕에게 건의 하였다.

"제가 별들의 이동을 관찰하였는데, 아마도 초나라에 큰 변고가 있을 것 같습니다. 만일 대왕께서 은혜를 베푸신다면 초나라는 그

변고를 피할 수도 있을 것 같습니다."

초왕은 장생의 말에 머리를 끄덕이며 법 집행관에게 사면을 실시하라고 명령하였다. 얼마 후, 뇌물을 받은 초나라 관리가 많은 사람이 사면될 것이라고 범려의 장남에게 알려 주었다. 자기의 동생이 사면 대상에 포함된 것을 확인한 장남은 그렇게 많은 돈을 낭비할 필요가 없다고 생각하면서 장생을 찾아가서 말하였다.

"이제 초나라를 떠나겠습니다."

장생은 범려의 장남이 자기를 찾아온 목적을 알고서 퉁명스럽게 말하였다.

"자네가 가지고 왔던 것이 저기에 있으니 다시 가지고 가게."

범려의 장남은 돈을 돌려받고 기쁜 얼굴로 장생의 집을 나왔다. 장생은 젊은이에게 모욕을 당하자 곧바로 초나라 왕을 찾아가 건의하며 말하였다.

"들리는 말에 의하면, 돈 있는 제나라 부자가 초나라 관리를 매수하여 감옥에 있는 아들을 구하려 한다고 합니다. 사면 대상자를 엄밀히 검토할 필요가 있습니다."

초나라 왕은 범려의 둘째 아들을 사면 대상자 명단에서 제외하고 사면을 실시하였다. 범려의 장남은 죽은 동생의 시체를 들고 집으로 돌아왔다. 장생과 범려가 친구 사이라 하여도 모욕을 당한 장생은 친구의 아들을 죽이고 말았다. 체면을 중시하는 중국인의 단면이라고 할 수 있다.

범려의 가족은 목적을 이루지 못하고 돌아온 장남을 참담한 심정으로 맞이하였다. 그러나 범려는 이미 예상했다는 표정으로 장남에게 말하였다.

"너는 어려서부터 고생을 많이 하면서 자라 왔다. 그래서 돈의 소중함을 아주 잘 알고 있지. 그러니 너 자신은 낭비하는 것을 참을 수 없었을 것이다. 이 아비가 너의 심성을 알고 막내를 초나라에 보내려고 하였는데 일이 이렇게 되었구나."

장남으로서의 책임감과 고생하면서 몸에 밴 절약하는 습관이 결국 동생을 죽음으로 내몬 것이다.

그런데 범려는 왜 막내 보내는 것을 끝가지 고집하지 않았을까? 우리가 일상생활에서 자주 듣는 말이 있다. 아이들이 무슨 사고를 저지르면 부모는 말한다. "내 이럴 줄 알았어."마치 그런 문제가 발생할 것을 이미 예견한 듯이 말한다. 사실 일이 벌어지고 나서 하는 그런 말은 전혀 도움이 되지 않는다. 진정으로 확신을 가지고 알았다면 일이 벌어지기 전에 예방을 해야 하지 않을까?

범려는 사전에 장남이 둘째를 구하지 못할 것이라고 예견했다. 다만, 아들이 자살로서 아비를 위협하니 아비가 그런 자식을 이길 수는 없었던 것이다. 범려는 자신의 예상이 빗나가기를 기대하며 장남을 초나라로 보냈을 것이다. 천하제일의 범려도 자식 앞에서는 아버지일 뿐이었다.

| 스캔하기 |

범려의 둘째 아들을 살렸다 죽였다 하는 장생의 행동을 21세기의 상식으로 생각해 보자. 장생은 별들의 이동을 관찰하고 기록하

는 천문관이다. 당시에는 홍수와 가뭄, 풍년과 흉년, 전쟁을 하느냐 마느냐 등 국가 중대사가 별들의 운행과 밀접한 관련이 있다고 믿었다. 천문관은 의식을 담당하면서 별들의 운행을 왕에게 직접 보고하고 필요하면 변고를 피하는 방법을 제시하기도 하는 고위 관리였다.

조셉 니덤의 책 『중국의 과학과 문명』에 의하면 고대 중국의 천체 기록이 서양의 것보다 정확했다고 한다. 중국인은 천체의 변화를 끊임없이 정확하게 관찰하고 기록했으며, 흑점과 같은 불규칙적인 현상도 모두 기록했다. 그러나 유럽인은 흑점과 같이 불규칙한 현상을 무시하고 기록하지 않았다. 왜냐하면 모든 천체는 완전하고 규칙적이어야 한다는 아리스토텔레스적 세계관을 가지고 있었기 때문이었다. 그러므로 과거의 천체 현상에 대한 정보를 구하려면 중국의 기록에 의지해야 했다.

중국이 기록에 충실했던 것은 장점이지만, 과도하게 관계를 중시한 것은 단점이다. 즉, 서양이 물질 자체에 대한 분석을 중시했다면, 중국은 물질과 물질의 관계를 중시했다. 이렇게 관계 중시 문화는 규칙적으로 움직이는 별들의 운행을 변화무쌍한 국가나 개인의 운명과 연결시키는 무리수를 두게 된다.

그 연관성은 부정확하므로 연관성을 만들기 위해 추상적인 이론을 제시하여야 하며, 그 과정에서 개인의 판단이 개입할 수밖에 없었다. 이런 미신적인 요소로 인해 점성술이 사적인 목적으로 악용되는 문제점이 생겨났다. 장생도 친구의 자식을 살리기 위해 천문 지식을 남용했고 초나라 왕은 속아 넘어갔던 것이다.

서양에서 천동설이 지동설로 대체되면서 과학의 혁명이 일어났고, 과학은 급속하게 발전한다. 1959년 소련의 무인 우주선이 최초로 달에 착륙했고, 1969년 닐 암스트롱이 탄 미국의 유인 우주선 아폴로 11호가 최초로 달에 착륙했다. 이 장면은 텔레비전을 통해 전 세계에 방영되었고, 달에 산다고 믿었던 토끼와 계수나무가 없어지는 순간이었다. 그리고 2006년 1월 19일, 태양계의 가장 끝에 있는 명왕성을 향해 탐사선 뉴호라이즌호가 미국에서 발사됐다. 그리고 9년 반 동안 500억 킬로미터를 날아가 2015년 7월 14일 명왕성을 통과했다.

　규칙적인 별들의 운행과 변화무쌍한 국가와 인간 운명을 연결시키지 않았다면, 추상적인 미신이 아니라 분석적인 과학을 추구하였다면, 달과 명왕성에 먼저 도착한 것은 중국의 우주선이 되지 않았을까?

18

못난 감사가 나라를 망치다

| 진승 |

진시황이 중국을 처음으로 통일한 이후, 비록 전쟁은 끝났지만 백성들의 고통은 줄어들지 않았다. 많은 토목 공사가 진행되었고 이에 필요한 많은 인력이 동원되었다. 그들은 언제 집으로 돌아갈지도 모르는 상황에서 노동력을 착취당하고 있었다.

진(秦)나라는 원래 중원의 서쪽에 위치한 비교적 낙후된 나라였다. 그러나 상앙(商鞅)이 변법(變法)을 실시한 후에 급속히 강성해지기 시작하였다. 상앙은 백성을 통제하고 국가를 다스리기 위해서 법률에 의존하였다. 진나라의 법률은 갈수록 엄격해졌다. 백성들이 겉으로는 감히 국가의 명령에 불만을 표출할 수는 없었지만, 내심 불만은 점점 깊어져만 갔다.

기원전 221년 중국은 진나라에 의해 통일되었으나, 세세한 내용까지 통제하는 상세하고 엄격한 진나라 법은 통일된 중국의 각 지방에 적용되기에는 부적절한 부분이 많았다. 기원전 210년 진시황이 중국을 순회하던 중 사구(沙丘)에서 병에 걸려 죽자, 아들 호해(胡亥)가 부정한 방법으로 황위를 계승한다. 진시황이 죽자 중국 각지에서 불만의 목소리가 꿈틀거리고 있었다. 그중에서 제일 먼저 깃발을 높이 올린 사람이 진승(陳勝)과 오광(吳廣)이다.

진승과 오광은 하남(河南) 사람으로, 그들은 모두 집안이 가난하였으며 친한 친구 사이였다. 진승은 젊어서부터 큰 포부를 가지고 있었다. 비록 남의 땅에서 농사짓고 있지만 출세하면 어려울 때 함께 고생한 친구들을 잊지 않겠다고 맹세하곤 했다.

진나라가 엄격한 법률로 백성들을 심하게 착취하던 시절, 진승과 오광이 둔장(屯長)의 통솔 하에 구백 명의 인력을 어양(漁陽)으로 데리고 가는 중이었다. 그들은 도중에 폭우가 쏟아져 곳곳에 길이 막히고 제대로 걸을 수 없는 상황에 처하게 된다.

만일 진나라의 법률이 그렇게 엄격하지 않고 융통성이 있었다면 진승과 오광이 폭우를 만나 도착 기일이 늦어진다 하여도 큰 걱정 없이 목적지로 향하였을 것이다. 그러나 당시에 법률은 너무도 엄격하였다. 그들이 정해진 시간 내에 어양에 도착하는 것은 불가능하였고, 그렇다면 법률에 따라 모두 처형될 상황이었다.

쥐도 막다른 골목에 몰리면 고양이를 공격하는 법. 진승과 오광은 이러한 진퇴양난의 상황과 끌려가는 노동자들의 심리상태를 잘 파악하여 군사를 일으키게 된다. 어양에 도착해서 처형당하나, 군사를 일으키다 처형을 당하나 마찬가지라고 생각하였던 것이다. 진승과 오광은 둔장의 목을 잘라 처형하고 구백 명의 인력을 향하여 군사를 일으킨다고 선포하며 말하였다.

"왕후장상의 씨가 어찌 따로 있겠느냐?(王侯將相寧有種乎) 그들도 우리도 모두 같은 사람일 뿐이다.”

'왕후장상영유종호(王侯將相寧有種乎)'란 문장은 1198년 고려 무신집권기에 개경에서 노비 만적(萬積)이 신분 해방을 주장하면서 반란을 일으킬 때도 사용되었다. 동서고금을 막론하고 하층민이 외치고 싶은 울분은 비슷한 것 같다.

다시 본론으로 돌아가서, 많은 사람이 진승과 오광이 이끄는 세력에 동참하였으니 그 세력이 갈수록 커져 갔다. 진승은 대초국(大楚國)을 세웠다. 진승의 밑에 있던 장군들 중에 전쟁에서 승리를 거두고 자신을 스스로 왕이라고 칭하는 자들이 있었으나 진승은 그들을 통제할 능력이 없었다. 심지어는 자신의 친구인 오광이 처형되었지만 진승은 오광을 처형한 자를 처벌할 능력도 없었다.

진승이 왕으로 있을 때, 옛 친구가 찾아왔다. 진승은 그 친구를 잘 대해 주었다. 그러나 그 친구는 말이 너무 많아 진승을 곤란하게 만들곤 했다. 진승이 옛 친구이지만 지금은 왕이 되었는데도 그 친구는 진승과 계속 친구로만 지내려고 하니 자꾸 문제가 발생하였다. 결국 그 친구는 처형을 당하게 된다. 진승은 의리는 있었으나, 공사(公私)를 잘 구분하지 못했고 인사관리에 있어서 미숙함이 드러났던 것이다.

진승이 감사관을 임명하였다. 그 감사관은 사소한 흠집이라도 들추어내 처벌하려 하였다. 자신의 실적을 높이기 위해 무조건 지적하고 꼬투리 잡는 것에 재미를 붙이고 있었다. 전쟁에서는 항시 공과(功過)가 있기 마련인데, 그 감사관은 과도하게 잘못만을 찾아내려고 하니 장군들이 그를 싫어하게 되었다. 그러나 진승은 고집스럽게 그 감사관을 신임하였다.

감사관은 진승에게 개보다 강한 충성심을 보였다. 진승이 감사관의 머리를 쓰다듬어 주면 감사관은 개처럼 행복에 겨워 어쩔 줄 몰랐다. 인정받은 것에 흥이 난 감사관은 장군들의 잘못을 뒤지고 다녔고, 불도그처럼 한번 문 먹잇감은 놓치지 않았다. 진승과 감사관은 찰떡궁합이었으나, 결국 유능한 장군들과 진승의 사이가 소원해지는 계기가 된다.

진승은 인간적이고 대담하기는 하였지만, 국가를 다스릴 만큼 균형 감각 있는 능력을 갖추지는 못하였다. 진승이 진나라 주력부대의 공격을 받아 어려움에 처하고, 진승에게 섭섭함을 느끼는 장군들이 많아지면서 진승에 대한 지지는 약해져 갔다. 이러한 상황에서 진승의 마부가 진승의 목을 잘라 진나라에 바쳤다.

결국 진승은 왕위에 오른 지 육 개월 만에 부하의 손에 죽었고, 진나라는 계속 망국의 길로 가고 있었다. 유방은 항우를 제압하고 중국을 통일한 이후, 진나라에 봉기의 깃발을 처음으로 올리고 한나라 창건에 간접적으로 도움을 준 진승을 위해 그의 묘를 수리하고 성대하게 제사를 지내 넋을 위로해 주었다.

| 스캔하기 |

감사한다는 것은 양날의 칼과 같다. 부패를 방지하는 긍정적인 측면이 있지만, 오히려 지나치면 역효과가 나타날 수도 있다. 그러므로 감사하는 사람은 노련한 의사가 환자를 치료하듯 전문적인

지식과 종합적이고 균형 잡힌 감각이 있어야 한다. 암세포 잡겠다고 정상세포를 다 죽게 한다든가, 빈대 잡으려다 초가삼간 태우는 우를 범해서는 안 된다.

감사하는 기능은 국가에도 민간에도 있으며, 그 역할이 점점 중요해지고 있다. 여기에서는 정부 내에 있는 못난 감사관을 예로 들어 본다. 감사관은 부서 내에서 공무원이 일을 규정에 맞게 잘하는지 살피고 잘못이 있으면 징계하는 사람이다. 감사라는 제도 자체가 인간이란 그냥 내버려 두면 부패하므로 계속 감시하고 징계해야한다는 성악설에서 기인한다. 그래서 보통 사람도 감사관이라는 완장을 차는 순간, 피감사자를 잠정적 범죄자로 인식하고 엮으려는 경향이 있다.

공무원이 일을 하다 보면 선한 의도로 했어도 간혹 나쁜 결과가 발생하기도 한다. 어떤 공무원이 하루에 100가지 일을 했는데 99개는 잘했고 1개가 나쁜 결과가 나왔다면, 못난 감사관의 눈에서는 99개는 안 보이고 1개만 보인다. 1년이면 365개나 되는 나쁜 일을 했을 것이라는 선입견으로 감사는 시작된다. 기계도 어느 정도 불량률은 발생할 터인데, 인간의 불량률은 전혀 용납되지 않는다. 1년간 136,135개(99×365)의 잘한 일은 관심 밖이다. 부패와의 전쟁을 한다는 욕심이 앞서다 보니, 직업병에 걸린 것처럼 365개 (1×365)의 불량에 올인 한다.

이런 못난 감사관에게 고통을 당해 본 공무원은 공직을 떠나던지 아니면 감사에 지적받지 않는 것을 평생의 좌우명으로 삼고 근무하게 된다. 그러다 보니 나라 일이 잘 돌아갈 리 없다. 복지부동이다. 그래서 일 잘한 공무원을 표창하겠다고 꾀어 본다. 그러나 남 잘못 지적하는 데에만 고도로 숙련된 머리가 하루아침에 잘 바뀌지 않는다.

조금 잘못한 것은 억지로라도 잘 잡아내지만, 잘한 것은 아무리 많아도 눈에 잘 보이지 않는다. 그러니 결국 피감기관의 추천을 받아서 표창하게 되는 경우가 많다. 그런데 일 잘했다고 표창 받은 사람이 다음 해에 감사에서 잘못했다는 지적을 받고 심하면 징계까지 받는 경우가 발생한다. 이번에도 99개는 못 보고 1개만 보고 물고 늘어진 못난 감사관 때문일 것이다.

노회한 공무원은 민원이 들어오면 규정의 범위 내에서 가급적 안 되는 쪽으로 처리한다. 결국 감사를 받고 민원인 요구대로 처리해 주라는 감사 결과가 나오면 그때 처리해 준다. 완장 차신 분들의 뜻을 받들어 모시는 것 같지만, 면피용 처신이다.

감사관은 잘한 것과 잘못한 것을 종합적으로 살펴보아야 한다는 목소리가 커진다. 맞는 말이다. 그래서 균형 감각을 갖고 감사하기 시작한다. 그러던 어느 날 언론에서 공무원 비리 관련 의혹이 제기되면, 다시 원점으로 돌아가 한 개의 잘못에 전력투구한다. 배는 산으로 올라간다. 잘못은 과장되어 부각되고, 원인과 결과를 억지로 엮다보니 징계 받은 공무원은 억울하다고 울상이다. 못난 감사관은 균형 감각을 갖고 감사하는 것이 어렵다고 불만이다. 당연히 어렵다. 그러니까 똑똑한 사람 배치하고 월급 주면서 나랏일 시키는 것 아닌가? 감사가 잘돼야, 나라가 산다.

진승이 세운 대초국이 6개월 만에 망한 이유에는 여러 가지가 있겠지만, 가장 대표적인 것은 못난 감사관 때문이다. 진승이 못난 감사관을 신뢰하고, 못난 감사관은 꼬투리 잡는 재미에 빠지니, 유능한 장군들이 등을 돌린 것이었다. 못난 감사관으로 인해 진승이 피살당하고, 결국 대초국은 망했다. 만일 현명한 감사관의 도움을 받았다면 역사는 달라졌을 것이다. 21세기에도 감사의 기능은 아주 중요하다. 그러나 나라가 잘살기 위해서는 못난 감사관이 무리하게 칼을 휘두르지 못하도록 국민들이 잘 감시해야 할 것이다.

자살하면 안 된다

19

| 신생, 맹상군 식객, 전광 |

『사기』에는 자살하는 장면이 많이 등장한다. 그리고 그 자살은 대부분 긍정적이고 멋있게 그려지고 있다. 자신 있게 자살한 세 명의 이야기를 들어 보자.

첫 번째 이야기의 주인공은 효심이 깊어서 자살하는 신생(申生)이다. 진(晉)나라 헌공(獻公)에게는 8명의 아들이 있었다. 아들 중 장남이며 태자(太子)인 신생(申生), 차남인 중이(重耳), 그리고 삼남인 이오(夷吾)가 있다. 그리고 헌공의 다른 부인 여희(驪姬)가 낳은 해제(奚齊)도 있었다. 그런데 헌공이 여희를 총애하게 되자, 여희는 이미 정해진 태자를 신생에서 해제로 바꾸기 위해 음모를 꾸민다.

여희는 신생에게 조상님께 제사 지낸 지 오래되었으니 제사 지내라고 권고한다. 신생은 여희의 의견에 따라 제사를 지내고, 제사 음식 중에서 고기 등 좋은 음식을 골라 헌공에게 바친다. 여희는 몰래 사람을 시켜 제사 음식에 독을 집어넣는다. 헌공이 왕궁

자살하면 안 된다 **143**

에 돌아와서 신생이 보내온 고기를 먹으려 할 때 여희는 음식이 안전한지 확인을 한다면서 그 고기 일부를 개에게 던져 준다. 고기를 먹은 개가 땅바닥에 쓰러져 죽자, 헌공은 몹시 화가 나서 신생을 잡아들이라고 명령한다. 신생의 측근은 신생에게 도망갈 것을 건의하지만, 신생은 도망갈 것을 반대하며 말한다.

"만일 내가 아버님께 사실을 말씀드리면, 아버님은 반드시 크게 놀라실 것이다. 만일 아버님이 여희를 죽이게 된다면 아버님은 식사를 해도 맛을 느끼지 못할 것이고, 살아도 죽은 것이나 마찬가지일 것이다. 나는 아버님이 크게 놀랄 일을 말씀드리지 못하겠다. 또한 내가 아버님을 시해하려 했다는 누명을 쓰고 도망간다면 누가 나를 받아주겠는가?"

신생은 결국 여희의 음모에 말려들어 자살을 한다. 장남 신생이 취한 행동은 21세기 상식으로 보면 이해하기 어려운 부분이다. 결국 여희의 음모를 숨겨 주게 되고, 나라를 음모가 통하는 세상으로 만드는 어리석은 행동 아닌가? 그러나 신생은 봉건시대를 살아가는 장남으로서 한 집안의 평안과 안정을 위해 기꺼이 자신의 목숨을 버리고 효자로 이름을 남겼다.

두 번째 이야기의 주인공은 사과(謝過)의 의미로 자살하는 맹상군의 식객(食客)이다. 맹상군(孟嘗君)은 전국시대 사공자(四公子) 가운데 한 명이다. 그는 자신의 재산을 이용하여 각국에서 몰려온 식객들을 잘 대접하였다. 식객의 신분이 높고 낮음을 불문하고, 능력이 많고 적음을 불문하고, 머리가 총명하고 덜 총명함을 불문하고 공평하게 대했다. 심지어 음식마저도 맹상군은 모든 식객과 동일하게 먹었다. 춘추 전국시대에는 신분이나 출신지보다는 개인의 능력에 따라 중용되었는데, 맹상군은 이례적으로 식객을 평등하게 대우했다.

맹상군이 자신을 찾아온 식객을 처음으로 맞이할 때는 병풍 뒤에 사람을 앉히고 식객과의 대화를 기록하게 했다. 대화가 끝나면 식객의 집안 형편에 따라 식객의 집안에 필요한 것을 선물로 보냈다. 선물을 받은 식객은 맹상군의 세심한 배려에 깊이 감사했다.

그러던 어느 날, 어떤 식객이 저녁을 먹다가 자신의 반찬과 맹상군의 반찬이 다르다고 생각하고 밥을 먹다 말고 자리를 떠났다. 맹상군은 그 식객이 갑자기 떠난 이유를 전해 듣고 급히 뒤를 따라가 자신이 먹는 반찬을 보여 주었다. 그날도 보통 때와 마찬가지로 맹상군은 식객과 동일한 반찬을 먹고 있었다. 단지 저녁이고 불빛이 어두워 식객이 잘못 보았던 것이다. 식객은 이를 창피하게 여기고 맹상군에게 사과의 표시로 자살했다. 맹상군을 포함하여 모든 식객이 동일한 음식을 먹는다는 사실은 식객이 자살함으로써 신속하게 널리 알려지게 되었고, 더 많은 식객이 몰려들어 그 수가 삼천 명에 이르렀다.

식객이 사죄하기 위해 자살을 하였을 때, 맹상군은 무엇을 느꼈을까? 아마도 마음이 편하지는 않았을 것이다. 만일 맹상군이 그 식객이 무안함을 느끼지 않도록 비공개적으로 자신의 음식과 식객의 음식이 동일함을 잘 설명하였다면 식객이 자살까지 하지는 않았을 것이다.

『사기』에 여러 번 등장하는 유행어가 있다. "남자는 자신을 알아주는 사람을 위해 목숨을 바치고, 여자는 자신을 사랑해 주는 사람을 위해 화장을 한다."그 식객도 이 유행어에 공감하고 있었을 것이다. 만일 맹상군이 식객에게 배려를 했다면, 그 식객은 자살하지 않고 감사한 마음을 품고 맹상군이 필요로 할 때 자신의 생명을 바치지 않았을까?

세 번째 이야기의 주인공은 비밀을 지킨다는 것을 증명하려고 자살한 전광(田光)이다. 번우기(樊于期)가 진(秦)나라에서 왕에게 죄를 짓고 연(燕)나라로 도망쳐 왔다. 연나라 태자 단(丹)은 번우기의 어려운 처지를 이해하고 잘 대우해 주었다. 이때 국무(鞠武)가 태자 단에게 건의하며 말한다.

"진나라 왕은 지금 번우기를 잡으려고 혈안이 되어 있습니다. 만일 진나라 왕이 태자께서 번우기를 보호해 주고 있다는 것을 알게 되면, 바로 연나라를 공격할 것입니다. 진나라에게 공격할 빌미를 제공하지 않으셔야 됩니다. 번우기를 멀리 북쪽으로 보내는 것이 좋을 것 같습니다."

이에 태자 단은 머리를 흔들면서 말했다.

"번우기는 곤경에 처해 연나라에 와서 나에게 도움을 청했는데, 어떻게 그 청을 모른 척하겠는가?"

국무는 태자가 마음은 선량하지만 왕이 될 인물은 아니라고 판단했다. 태자 단은 한 친구의 어려움으로 마음 아파하지만, 이로 인하여 연나라 백성의 안전이 위협받는다는 것은 깨닫지 못한다고 안타까워했다.

자신이 태자 단에게 더 이상 도움을 줄 수 없다고 여긴 국무는 지혜와 용기를 겸비한 전광(田光)을 소개시켜 주었다. 태자 단은 공손한 태도로 전광을 맞이하였다. 주위 사람을 물리치고 태자와 전광 두 사람만 남았다. 태자는 전광에게 진왕 암살 계획을 이야기하면서 의견을 물으니 전광이 대답하였다.

"나는 젊었을 때 문무를 겸비한 유능한 사람이었습니다. 그러나 이미 늙었으니 태자의 계획을 수행할 수 없습니다. 나의 친구 형가(荊軻)를 소개해 드리지요. 그는 태자를 도와줄 수 있을 것입니다."

태자가 전광과 헤어질 때 당부하듯이 말한다.

"제가 전광 선생께 말한 진왕 암살 계획은 아주 중대한 일입니다. 반드시 비밀을 지켜야 합니다."

전광은 형가를 만나 태자가 계획한 일을 맡아 달라고 부탁한다. 형가가 승낙을 하니 전광이 말한다.

"무릇 일을 함에 있어 남에게 의심을 받지 않아야 하오. 그런데 태자는 나에게 비밀을 지켜 달라고 당부를 하였소. 이것은 태자가 전광인 나를 의심한다는 것이오. 의심을 받는 자는 절조(節操)가 있다고 볼 수 없지요. 지금 바로 가서 태자를 만나 보시오. 그리고 전광은 이미 죽었으니 비밀은 지켜질 것이라고 말해 주시오."

말을 마치자, 전광은 칼로 목을 찔러 자살하였다. 이 소식을 전해 들은 태자는 눈물을 흘리며 죽음으로써 비밀을 지킨 전광을 칭송했다. 후에 형가는 진왕 암살 계획에 따라 비수를 숨겨 진왕 앞에 다가가는 것까지 성공하였으나, 아깝게 암살에 실패하고 만다. 태자와 전광 사이의 비밀이 누설되지 않았음에도 불구하고 암살이 실패했던 것이다.

아주 비밀리에 추진되는 일이 외부에 알려져 실패하는 경우가 종종 있다. 특히 암살의 성공 여부는 얼마나 비밀을 잘 유지하느냐에 달려 있다. 전광은 태자에게 의심받은 것에 대한 책임을 지고, 태자의 의심을 해소하는 동시에 계획을 성공시키기 위해 자살하였다.

그러나 결과는 반드시 전광이 생각한 것처럼 간단하지 않을 수도 있었다. 만일 전광이 자살하기 전에 이미 계획을 누설하였다고 태자가 의심했다면, 암살 계획이 전면 수정될 수 있는 상황이었다. 의심하기 시작하면 누군들 믿을 수 있었겠는가? 전광의 자살이 꼭 필요했는지 의아한 생각이 들지만, 전광은 너무도 당연하게 자신의 목을 찔렀다. 전광의 자살에 대해 태자가 슬퍼하기는 하였으나, 그 누구도 전광의 자살이 부적절하였다고 부정적인 의견을 표시하지 않았다.

| 스캔하기 |

서양 철학의 아버지 플라톤(기원전 427-347)은 자살이란 죄를 짓는 것이라고 보았다. 태어나고 죽는 것은 신의 영역이라고 생각했기 때문이다. 그의 제자 아리스토텔레스(기원전 384-322)도 자살은 잘못된 행동으로 보았다. 자신이 해야 할 의무를 중간에 회피한다

고 보았기 때문이다.

중세에는 종교적 영향력이 더욱 확대되어 자살은 신에 대한 모독이며 자살자는 구원도 받을 수 없다고 믿었다. 또한 자살을 일종의 살인으로 보아 자살한 시신을 모욕하였고, 자살자의 재산을 몰수하였으며, 자살한 사람을 처벌까지 하였다. 이것은 노동력 손실을 우려하여 자살을 예방하려는 조치였다. 예외적으로 전쟁에서 기사들이 포로가 되느니 자살을 하여 명예를 지키거나, 장렬하게 전사(戰死)하는 것은 긍정적으로 받아들여졌다.

17세기가 되면서 자살은 정신질환에 의한 행동으로 판단되기 시작했다. 그러므로 정신질환으로 자살한 경우는 예외적으로 관용을 베풀었으며, 18세기경부터 자살에 대한 처벌을 금지하기 시작했다.

프랑스 사회학 교수 에밀 뒤르켕(1858-1917)은 1897년에 『자살론』을 발표하였으며, 자살의 원인은 개인적인 차원이 아니라 사회적 요인에 의해서 분석되어야 한다고 주장했다. 서양에서 자살이란 종교적 시각에서 의학적 그리고 심리학적 시각으로, 부정적 인식에서 긍정적 인식으로, 처벌에서 관용으로, 개인적 차원에서 사회적 차원으로 인식이 변화해 왔다.

20세기 중반에 핀란드는 자살률 세계 1위의 불명예를 안고 있었다. 전국적인 전수 조사를 통해 그 원인이 대부분 우울증임을 알아내고, 의학적인 치료와 주위 가족들의 도움으로 자살률을 크게 떨어뜨렸다. 21세기에도 우울증을 자살의 가장 큰 원인으로 보고 있다.

『사기』에 등장하는 신생, 맹상군 식객, 전광은 자살 후 천국으로 간다는 종교적 믿음도 없이 자신의 의지로 자살을 선택했고, 스스로 원하는 목표를 이루었다고 생각했다. 21세기 가치 기준으로 보면 전혀 동의할 수 없는 안타까운 선택이었다.

『사기』에 등장하는 아주 많은 사람들이 자살한다. 사마천이 자살을 조장한 것은 아니지만, 날카로운 붓 끝에서 대부분의 자살자들은 멋지게 죽어 간다. 괴테(1749-1832)가 1774년에 『젊은 베르테르의 슬픔』을 발표한다. 주인공 베르테르는 살로테와 불행한 사랑으로 고민하다 결국 자살을 하게 된다. 그 후 유럽에서는 많은 젊은이들이 베르테르의 대사를 줄줄 외우고 다녔으며, 베르테르를 모방한 자살이 속출했다고 한다. 혹시나 젊은이들이 『사기』에 심취하여 자살하고 싶은 충동이 들까 봐 우려된다. 그러나 안심해도 된다. 사마천은 「계포 · 난포열전」에서 "자살하면 안 된다."고 확실하게 말한다.

"현명하고 능력 있는 사람은 자신의 생명을 소중하게 여기며, 쉽게 자살하지 않는다. 나약한 사람들이 사소한 일에 불만을 품고 흥분하여 자살을 한다. 이것은 용기가 아니다. 마지막이라고 생각하는 그것을 극복하려는 의지도 능력도 없기 때문이다."

20

자유인과 노예

| 무정, 조간, 고점리 |

노예는 본인의 의사와 능력에 상관없이 그 신분으로 인하여 자유가 박탈된 존재이다. 21세기에는 형식상 노예가 없어졌지만, 과거의 노예 이야기를 통해 자유의 의미를 다시 한 번 생각해 보자.

첫 번째 이야기의 주인공은 노예를 재상에 중용한 상(商)나라 임금 무정(武丁)이다. 그는 어려서 농촌에서 자랐기 때문에 농민들의 어려운 생활을 잘 이해했다. 무정이 태자로 임명된 후, 감반(甘盤)을 스승으로 삼아 열심히 공부하여 지식을 쌓고 인간의 도리를 배웠다.

그러나 감반이 나이가 많아 기력이 떨어지자, 감반을 대체하여 상나라를 부강하게 만들 젊고 유능한 인재가 필요하였다. 무정은 국사를 감반에게 위임하고 삼 년 동안 전국을 순회하면서 백성들의 삶을 살피고 인재를 찾아다녔다.

그러던 어느 날, 무정이 꿈에 열(說)이라고 하는 성인(聖人)을 만났다. 무정은 대신들에게 꿈속의 상황을 설명하면서 하늘이 내려

주신 인재를 찾아오라고 하였다. 관리들 중에서 찾아보았지만 비슷한 사람도 찾지 못했다. 화공에게 열의 얼굴을 그리게 하여 사방팔방으로 찾아 나서니, 마침내 부험(傳險)이라는 지방에서 열과 똑같이 생긴 노예를 찾아냈다. 당시에 열은 죄를 지어, 도로 건설 현장에서 부역을 하고 있었다.

무정이 궁궐로 온 열을 만나 보니 바로 꿈에 본 그 사람이었다. 그리고 무정이 열과 대화를 나누어 보니 과연 성인이었다. 열이 부험 지방에서 왔으므로 무정이 열에게 부씨(傳氏)라는 성을 하사하여 부열(傳說)로 불렀으며, 재상에 임명하였다. 부열이 재상을 맡은 이후 상나라는 잘 다스려졌다.

무정은 신분의 고하를 막론하고 인재를 중용하였으며, 당시의 인사 운영 관례도 존중하였다. 부열의 신분이 낮아 재상으로 임명하는 데 신하들의 반대가 있었지만, 무정은 꿈 이야기로 신하들을 설득하였다.

두 번째 이야기의 주인공은 「화식열전」에 등장하는 조간(刁間)이다. 제(齊)나라 풍속에 의하면 노예들을 천시했으나, 조간은 노예를 중하게 여겼다. 다루기 어렵고 교활한 노예들은 주인의 입장에서 보면 골치 아픈 존재이지만, 조간은 그들을 받아들여 자신이 관리하는 생선 또는 소금 관련업이나 상업에 종사하게 하여 이익을 남겼다.

조간 집안의 노예들은 무리를 이루어 군수나 재상과 교류했는데, 조간은 싹수 보이는 노예들을 신임하고 중용하였으며 결국 재산이 엄청나게 늘어났다. 민간에 떠도는 말에 의하면, "관리가 되느니, 차라리 조간의 노예가 되겠다."라고까지 했다 한다. 이것은 노예들이 자신의 능력을 최대한 발휘하여 각자의 부을 얻을 수 있도록 환경을 조성해 준 조간의 배려 때문이었다.

세 번째 이야기의 주인공은 진시황에 의해 노예처럼 취급받았던 고점리(高漸離)다. 그는 형가(荊軻)의 친한 친구이다. 둘은 자주 함께 술을 마시고 이야기를 나누었다. 고점리는 축(筑)을 잘 연주하였고, 형가는 노래를 잘하였다.

형가가 진시황 암살에 실패하자, 진시황은 형가와 관계가 있는 사람을 모두 잡아 오라고 명령했다. 고점리는 이름을 바꾸어 신분을 위장하고 오랫동안 축 연주를 중단하고 인적이 드문 주점에서 일을 거들어 주며 생활하고 있었다. 그러나 음악이 없는 생활이 고점리에게는 견디기 힘든 고통이었다.

그러던 어느 날, 손님 중에 누군가 축을 연주하고 있었다. 그동안 축 연주를 참아 왔던 고점리는 그 축 소리를 듣고 자신이 직접 축 연주를 시작했다. 주위 사람들은 신들린 듯 아름다운 고점리의 축 연주에 모두들 감탄하였다.

축의 고수가 나타났다는 소문은 마침내 진시황에게까지 전달되었다. 진시황은 아름다운 축 소리를 듣기 위해 사람을 보내 고점리를 데려오게 하였다. 그러나 진시황의 주위에 있는 사람 중에 고점리가 형가의 친구라는 사실을 아는 자가 있었고, 고점리는 처형을 당할 위기에 처하게 되었다.

고점리의 축 소리가 너무 좋아서 죽이자니 아깝고 그렇다고 살려 주자니 불안하다고 생각한 진시황은 고심 끝에 고점리의 눈을 멀게 하고 자신의 옆에서 축을 연주하게 하는 잔인한 방법을 생각해 냈다. 결국 고점리는 장님이 되어 진시황을 위해 기계처럼 계속해서 축을 연주해야 하는 노예의 운명이 되었다.

어느 날, 고점리는 축 안에 무거운 납덩어리를 넣고 진시황을 향하여 집어 던졌다. 고점리의 진시황 암살 시도는 어수룩했고 실패로 끝났다. 진시황은 이후로 외부에서 온 사람을 의심하고 만나기를 두려워하였다.

진시황은 아주 이기적인 냉혈한(冷血漢)이다. 고점리의 축 소리도 듣고 암살의 위험도 차단하는 일거양득의 방법을 찾아낸 그는 음악가 고점리의 눈을 멀게 하고 녹음기처럼 노예처럼 자신의 옆에서 연주를 시켰던 것이다. 그러나 이러한 진시황의 비인간적이고 강압적인 행동이 고점리의 자유로운 마음까지 제압할 수는 없었다.

고점리는 언제부터 형가의 복수를 위해 진시황을 암살하려고 했을까? 고점리와 형가는 음악이 서로 통해서 친구가 된 것이다. 고점리는 형가의 진시황 암살 실패 이후 잡히지 않으려고 신분을 위장하고 숨어 지냈다. 아마 이때까지도 고점리는 형가를 대신해서 복수하겠고 생각하지는 않았을 것이다.

그러나 음악적인 끼를 가진 고점리가 축을 연주하지 않고 살아간다는 것은 너무도 견디기 힘든 것이다. 그래서 축 연주를 다시 시작하였던 것이다. 그러나 마음을 소리로 표현하는 예술가의 연주가 아닌 폭군 진시황을 위한 기계적인 소리 제조기로 전락한 고점리, 자유를 잃고 노예처럼 살아야 하는 자신의 모습에서 삶의 의미를 찾지 못했던 것이다. 고점리가 진시황을 암살한 방법이 아주 유치하고 치밀하지 못한 것을 보아도, 이는 암살이 아니라 자신의 삶을 끝내고 싶은 강한 의지의 표현으로 보인다.

아리스토텔레스는 자신이 쓴 『정치학』에서 노예를 정의한다. "누구든지 본성적으로 자신의 주인이 아니고 타인에게 속하는 사람은 노예이다."고점리는 암살자가 아니다. 진시황의 비인간적인 폭정을 지적하고, 본성적으로 노예가 되기를 거부한 예술가였던 것이다.

| 스캔하기 |

노예의 사전적 의미는 '남에게 자유를 빼앗겨 부림을 받는 개인이나 계층'이다. 『사기』에 나오는 한(漢)나라 이전의 노예들은 신분이 천했지만 자유가 완전히 박탈당한 것은 아니고 능력을 인정받으면 재상도 되었고 돈도 많이 벌었다. 전제왕정국가가 정착되는 한(漢)나라 이전에는 노예 제도가 엄격하지 않아 신분의 변동이 가능했던 것 같다.

중국에서 실질적인 노예 제도는 전제군주제가 나타나는 한(漢)나라부터 20세기 초 청나라가 망하기 직전까지 유지된다. 그렇게 수천 년을 세계의 중심 국가로 지내 온 중국은 19세기 중반 서구 열강에 의해 점령당했다.

노신(魯迅, 1881-1936)은 그의 소설 『아큐정전』에서 주인공인 날품팔이 '아큐'를 통해 당시 중국인의 노예근성을 예리하게 비판한다. 강자에게 비굴하고 약자에게 거들먹거리는, 어떠한 상황에서도 '정신적 승리법'으로 자신을 합리화하는, 자유의지 없이 이리저리 휩쓸리는 '아큐'를 보고 중국인들은 마치 자신의 이야기를 하는 것 같아 깜짝 놀랄 정도였다고 한다.

1949년 중화인민공화국이 건국되었다. 중국의 역사에서는 왕조가 여러 번 바뀌었지만, 서구와 같이 자유를 쟁취하기 위한 백성의 목소리는 보이지 않았다.

서양에서 노예 제도는 종족·집단·국가 사이에 정복으로 인해 강요된 경향이 강해서 중국보다 엄격했고, 대부분의 노예는 비참한 삶을 살았다. 노예 제도란 윤리적으로 비인간적이며, 경제적으로 고비용 저효율이 작동하는 체제이다. 노예 제도가 얼마나 비인간적인가? 피부색이 다르기 때문에, 종족이 다르기 때문에, 부모가 노예이기 때문에, 노예가 되는 것이다. 그 노예의 딱지는 좀처럼 벗어지지 않는다. 일부 도시의 노예는 귀족의 행정 업무 같은 화이트칼라 일을 하기도 한다. 그러나 대부분 진 빠지는 노동에 종사한다. 노예가 필요한 것은 바로 노동력 때문이다.

노예는 자유 없이 주인의 명령에 따라서 살아가고, 이리저리 팔려 가기도 한다. 노예가 도망가면 주인의 재산을 훔쳤다는 의미에서 절도죄가 적용되고, 노예가 자살을 하면 주인의 재산이 없어졌으므로 손괴죄(損壞罪)가 적용된다. 노예가 말을 듣지 않으면 신체에 벌을 가하는데, 손발은 가급적 건드리지 않고 귀를 자르는 것이 가장 보편적이다. 왜냐하면 노동력의 손실을 최소화하기 위해 서다.

노예 중에서 최상품은 신체 건강하고 명령에 잘 복종하는 노예이다. 가장 꺼리는 노예는 감정이 풍부한 예술가적 끼가 있는 노예이다. 이런 노예는 다루기가 힘들고 종종 도망가거나 자살을 한다. 마치 고점리가 노예로 대우받느니 차라리 자살을 원했던 경우와 유사하다. 노예의 입장에서는 정말 억울하고 분노가 치밀어 오르기도 하지만, 대부분 힘이 부족하여 참고 살아가는 선택을 한다.

노예는 할 수 없어 포기하듯 살고 있지만, 기회가 오면 들고 일어나 노예 딱지를 벗어던지려고 한다. 1592년 임진왜란이 발생했을 때 한양의 백성들 중 50% 정도가 노비였으며, 그들이 노비문서를 보관하는 장혜원을 제일 먼저 불 지른 것은 좋은 사례다.

주인은 노예를 통제하기 위해 24시간 감시하여야 하니 비용이 많이 들고 불안하다. 따라서 적은 숫자의 주인이 많은 숫자의 노예를 통제할 때는 통제 방법이 거칠어진다. 주인은 노예의 반란에 두려움을 갖고 있기 때문이다. 아프리카에서 출발한 노예선 속에서 노예들을 열악한 환경에 처박아 놓고, 비인간적으로 학대하는 것은 적은 숫자의 노예 상인이 많은 노예를 통제해야 하는 긴장과 공포에서 비롯된다. 이렇게 비인간적이고 고비용 저효율의 제도는 19세기까지 지속된다.

'노예 해방'하면 미국의 남북전쟁(1861-1865)과 링컨 대통령 (1809-1865)이 떠오른다. 그러나 링컨은 대통령 선거 유세에서 노예 해방을 주장한 것이 아니고, 노예 제도가 확장되는 것에 반대했다. 링컨이 더 중요하게 생각했던 것은 노예 해방이 아니고 미국연방의 유지였다. 노예가 상대적으로 많았던 남부에서는 링컨의 말을 신뢰하지 않았고, 남부군의 선제공격으로 남북전쟁이 시작되고, 북부군의 승리로 막을 내린다.

그렇다면 남부와 북부에서 노예에 대한 입장이 다른 이유는 무엇일까? 북쪽은 산업화되어 노예의 노동력이 그다지 절실하지 않았고, 남부에서는 농업에 종사하면서 노예의 노동력에 많이 의지했기 때문이다.

중세시대까지 유럽의 정신세계를 지배해 온 아리스토텔레스는 노예 제도를 인정했다. 그는 노예를 생명이 있는 도구이며, 양도될 수 있는 재산으로 보았다. 노예를 다스릴 때는 힘으로 강제하는 것이 아니라 공통의 이해와 우정으로 관리해야 갈등이 예방된다고 주장했다. 아리스토텔레스가 노예 제도를 인정한 이유는 누군가가 육체노동을 해야 한다는 필요성 때문이었다.

19세기에 산업화가 진행되면서 인간의 노동이 기계로 대체되었고, 이에 따라 노예 노동력의 필요성이 줄어들었다. 산업화가 노예 해방에 결정적인 역할을 하게 된 것이다. 과학 기술이 발달함에 따라 사람은 자연의 지배를 벗어나기 시작했고, 종교개혁을 통해 사람은 교회의 지배에서 벗어나기 시작했으며, 시민계급의 성장에 따라 절대왕정의 지배에서 벗어나기 시작하였다. 시민들은 자유를 만끽하고 민주주의를 손에 쥔 것 같았다.

그러나 1차 세계대전 이후 독일이 극도의 인플레이션이 발생하고 사회가 불안해지자, 지적 수준이 성숙되지 못한 시민들은 자유를 포기하고 국가에게 의지하려는 노예의 본성을 드러내기 시작한다. 히틀러는 이런 심리를 악용하여 전체주의 나치즘을 내세워 권력을 잡고 2차 세계대전을 일으킨다. 독일의 철학자 에릭 프롬(1900-1980)은 『자유로부터의 도피』라는 책을 통해 인간이 자유로부터 도피하려는 성향을 비판하면서 자유를 쟁취하라는 메시지를 전달한다. 이 책에 의하면, 인간에게는 자유를 쟁취하려는 본성과 자유를 포기하려는 노예 본성이 혼재한다고 한다.

1974년 노벨경제학상을 받은 하이에크(1899-1992)는 그의 저서 『노예의 길』에서 자유는 인류가 추구해야 할 최고의 가치라고 말한다. 자유가 있어야 시장경제가 작동하고, 공정한 경쟁 속에 창의력이 발휘되고, 부(富)가 증대된다고 본 것이다. 자유를 억압하게 되면, 전체주의 사회, 계획 경제, 경제 파탄으로 떨어지는 노예의 길로 가게 된다고 경고하고 있다. 1990년 초 소련과 동구권의 붕괴는 하이에크의 예언이 적중했음을 증명한다.

21세기에 노예 제도는 없어졌지만 사람의 마음속에는 자유를 추구하려는 본성과 자유를 포기하려는 노예 본성이 혼재하고 있다. 무엇이 옳은 선택인지는 역사 속에서 교훈을 얻었다. 자유의 삶인지 노예의 삶인지, 남은 것은 우리의 선택이다.

21

묵자의 유전자는 멸종했나?

| 묵자 |

    춘추 전국시대는 자유롭게 사상이 표출되었던 백가쟁명(百家爭鳴)의 시대이다. 이때 출현한 사상가들을 '제자백가(諸子百家)'라 하며 중국 문명의 뿌리를 형성하고 있다. 사마천은 이들의 이야기를 『사기』에서 기록하고 있다. 유가의 공자와 맹자, 도가의 노자, 법가의 순자와 한비자, 병가의 손자와 오기의 이야기가 「세가(世家)」나 「열전(列傳)」에 등장한다. 그런데 「묵자(墨子)열전」은 없다. 단지, 「맹자순경열전」의 마지막에 스물넉 자가 전할 뿐이다.

    "묵자는 송(宋)나라 대부(大夫)로 전쟁을 방어하고 성(城)을 지키는 기술이 뛰어났고, 절약을 강조했다. 공자와 동시대 사람이라고도 하고 후세 사람이라고도 한다."

    묵자는 당시의 영향력이나 위상으로 보아 당연히 「묵자열전」으로 대우받아야 할 인물로 판단되나, 그렇지 못함을 아쉬워하며 『묵자』의 내용을 요약하여 소개하고자 한다.

    『논어』가 공자의 제자들이 편찬한 책이듯이, 『묵자』도 묵자의 제자들이 편찬한 책이다. 『묵자』는 제자백가들의 책 중에서 가장 읽기 어려운 책 중의 하나이다. 왜냐하면 그동안 『묵자』의 많은 부분이 소실되었기 때문이다. 맹자가 묵자를 비판하면서 학자들이 『묵자』를 멀리하였으며, 진시황의 분서갱유로 많은 서적이 태워졌다. 이후에 대부분의 서적이 다시 복원되었지만, 『묵자』는 오랫동안 정리하는 사람이 없었고, 청나라 고증학이 발달하기까지 거의 이천 년 동안 관심을 받지 못했다. 또한 『묵자』의 문장이 너무 간결하여 먼 후대의 사람들이 이해하기에는 어려운 부분이 많기 때문이다.

묵자는 노(魯)나라 사람으로 공자가 죽은 지 10년 후에 하층계급의 집안에서 태어났다고 전해진다. 묵자의 핵심 사상은 겸애(兼愛), 절용(節用) 그리고 비공(非攻)이다.

첫 번째, '겸애'는 모든 사람을 동일하게 서로 사랑하라는 뜻이다. 혈연, 종족, 사상 등 모든 것을 초월한 차등 없는 적극적인 사랑이다. 말이 쉽지 실천하기는 상당히 어려운 것인데, 여기에 한 술 더 떠서 묵자는 언행일치를 주장하며 몸소 솔선수범한다. 한(漢)나라 이전까지 묵자를 따르는 사람이 유가에 비견할 정도로 많았지만 당시에는 질서를 파괴하는 혁명적인 사상으로 분류되어 비판을 받았다.

두 번째, 아껴 쓰는 '절용'을 주장하였다. 묵자는 유생들을 과도한 예의를 내세워 일하지 않고 기생(寄生)하는 존재로 보았다. 예를 들어 유가에 따라서 장례와 제사를 지낼 경우 허례허식을 지키려다 산사람이 죽을 지경이라고 비판하면서, 효도하고 슬퍼하는 마음이 중요하다고 하였다.

세 번째, '비공'은 다른 나라를 공격하지 말라는 것으로, 전쟁을 반대한다는 의미이다. 전쟁을 반대하는 이유는 백성을 힘들게 해서는 안 되기 때문이다. 봄에는 씨앗을 뿌려야 하고, 여름에는 싸우기에 너무 덥고, 가을에는 수확을 해야 하고, 겨울에는 너무 추워 싸우면 안 된다는 것이다. 먹고 살기 바쁘니 싸우기에 적절한 시기가 없다는 것이다. 그리고 한 사람을 죽이면 불의(不義)를 저지른 살인자라고 손가락질하면서, 수십 만 명을 죽이면서 한 나라를 점령하면 이를 칭송하고 의(義)롭다고 하는 사람들을 향하여 의(義)와 불의(不義)를 구분하지 못한다고 비판한다.

그러나 무조건 전쟁을 반대한 것은 아니었다. 폭군의 대명사인 하나라 걸(桀)왕이나 상나라 주(紂)왕을 죽인 것은 주벌(誅伐)이라고 하여 전쟁의 정당성을 인정하였다. 비공이라고 말로만 주장한 것이 아니라 직접 여러 나라를 돌아다니면서 전쟁이 발생하지 않도록 몸소 행동으로 보여 주었다. 그중 유명한 묵자와 공수반(公輸盤)의 모의(模擬) 전쟁 이야기를 소개한다.

초(楚)나라의 명장(名匠) 공수반이 운제(雲梯)라는 성(城)을 공격하는 무기를 만들어 송(宋)나라를 공격하려고 했다. 묵자는 이 말을 듣고 제(齊)나라에서 열흘 낮 열흘 밤을 초나라로 달려가 공수반을 만났다. 공수반은 사람을 죽이지 않고 의로움을 지키며 살아온 사람이므로, 묵자의 말에 설복되어 송나라를 공격하는 것이 의롭지 않음을 받아들였다. 그러나 공수반이 운제와 함께 송나라 공격 계획을 초나라 왕에게 이미 보고한 후였다. 묵자는 다시 초왕에게 달려가 설득하기 시작한다.

"초나라는 송나라보다 10배 이상 넓습니다. 초나라 땅에는 짐승이 가득하고 물에는 물고기가 많아 천하의 부(富)를 누리고 있습니다. 그러나 송나라는 초나라에 비하면 아주 작고 가난한 나라입니다. 초나라가 송나라를 공격하는 것은 의롭지 못한 행동이며 이익도 별로 없을 것입니다."

"그럴듯한 생각이오. 그러나 공수반이 운제를 만들어 나에게 바쳤으니, 꼭 송나라를 공격하고자 하오."

묵자는 운제로 송나라 성을 공격하여 함락시킬 수 있는지 모의 실험을 하자고 제안하였다. 묵자는 허리띠를 풀어 성을 만들고 공수반은 나뭇조각으로 모형 기계를 만들었다. 공수반이 아홉 번이나 방법을 바꾸어 성을 공격하였으나 묵자는 여유롭게 성을 방어하였다. 공수반은 모의 전쟁에서 성을 도저히 함락시킬 수 없게 되자 말하였다.

"묵자 선생이 지키는 성을 함락시킬 수 있는 방법을 알고 있지만 말하지 않겠습니다."

초왕이 그 방법을 물으니 묵자가 말하였다.

"공수 선생의 방법이란 것은 저를 죽이는 것입니다. 묵자가 죽고 없으면 송나라는 초나라의 공격을 막아 낼 수 없다고 생각한 것입니다. 그러나 저와 같은 능력이 있는 제자가 이미 삼백여 명이 있고, 초나라 공격에 방어할 수 있는 기계가 실전 배치된 상태입니다. 제가 없다 해도 송나라를 능히 지켜 낼 수 있을 것입니다."

초왕은 승리를 해도 '피로스의 승리(얻은 것보다 잃은 것이 많은 승리)'라고 판단하며 송나라 공격 계획을 철회하였다. 왜 그랬을까? 묵자가 말을 잘해서? 초나라 왕이 현명해서? 묵자의 제자가 많아서? 다 옳은 말이다. 그러나 가장 중요한 것은 송나라에는 초나라 공격을 방어할 수 있는 무기가 있기 때문이다.

서양에서는 로마 시대 때부터 전해 오는 말이 있다. "평화를 원하면 전쟁을 준비하라." 만일 전쟁을 잘 준비해서 전쟁이 발발하지 않았다면, 국방비가 과도하게 지출되었다고 비판을 받을 수도 있다. 그러나 그런 비판은 무책임한 사람이 하는 말이다. 전쟁은 충분하게 준비해야 한다. 평화를 유지하기 위해서, 전쟁을 방지하기 위해서 전쟁을 준비해야 한다는 진리를 묵자도 정확히 간파한 것이다.

| 스캔하기 |

묵자의 핵심 사상 중에 하나인 비공을 실현하기 위해서는 견고한 축성(築城) 기술과 방어용 무기 제작이 꼭 필요했다. 전쟁 방어 준비 과정에서 습득되는 지식은 물리학 등 중국 과학 발전에 크게 기여하였다.

영국의 과학사학자 조셉 니덤(1900-1995)이 쓴 『중국의 과학과 문명』에 의하면 기원전 4세기 초에 묵자의 제자 중의 한 사람인 금활리(禽滑釐)가 당시에 적군(敵軍)이 판 굴의 위치를 탐지하기 위해 공명기를 이용했으며, 참호를 파기 위해 굴삭기를 발명했다고 한다. 아마도 소리의 속도와 거리의 상관관계를 파악했고, 원시 형태의 굴삭기를 사용했던 것 같다.

그러나 묵가는 유가에 의해 비판받으며 사라져 갔고, 묵가의 과학 정신도 함께 사라져 갔다. 만일 묵가의 과학 정신이 중국에서 계속 발전했다면, 근대 이후에 서양이 중국을 앞지르는 기회는 오지 않았을 것이다.

2016년은 한국 내에서 사드배치 문제로 시끄럽다. 사드(THAAD)는 'Terminal High Altitude Area Defense'의 약자이며, 번역하면 '고고도미사일 방어체계'다. 적지(敵地)에서 탄도 미사일이 발사되면, 사드는 레이더 등을 통해 감지된 정보를 바탕으로 요격 미사일을 발사하여 높은 고도에서 적의 미사일을 격퇴시킨다.

2016년 북한은 핵실험과 장거리 미사일 실험을 계속했다. 한국은 북한의 위협으로부터 국가와 국민을 지키기 위해 방어체계를 강화해야 했으며, 그 일환으로 정부는 사드배치를 결정하였다. 중국은 사드가 한국에 배치되면 중국까지 감시권에 들어간다는 이유로 사드 배치를 반대했다. 이때 중국의 왕이 외교부장은 '항장무검(項庄舞劍)'이라는 고사성어를 인용한다. 항우(項羽)의 부하 항장(項庄)이 유방(劉邦)을 위해서 칼춤을 추지만, 칼끝은 유방을 노리고 있다는 뜻이다. 한국의 사드 배치는 북한의 공격에 대비한 것이라고 하지만 사실 중국을 노리는 것이라는 핑계로, 중국은 한국의 사드배치 결정에 강한 불만을 표시했다.

중국의 관영매체는 사드 배치로 인해 한국에 가해질 경제·문화 등 다양한 분야에서 제재를 언급하며 압박했다. 중국에서 한류 스타의 공연이 연기되거나 취소되었고, 중국에 수출하는 한국 업체는 세관 통관 등 중국내 절차가 과도하게 엄격해져 어려움을 호소하고 있으며, 한국을 방문하는 중국인 관광객의 숫자도 중국 정부의 압력에 의해 줄어들었다. 그러나 한국과 중국은 경제·문화 등 다양한 분야에서 교류가 서로 밀접하게 연결되어 있어, 중국이 한국을 장기적으로 계속해서 제재하는 것은 중국 입장에서도 부담스러워 한계가 있을 수밖에 없을 것이다.

한국 언론도 한국 내에서 사드 배치 반대 목소리를 크게 부각시키고, 중국의 제재로 인한 한국의 부담을 요란하게 다루고 있다. 깊이 생각하지 않은 얕은 아우성에 편승하여 중국의 무례한 압력에 굴복하는 쉬운 선택을 할 경우, 중국의 압력은 바로 제거될 것이다. 그러나 장기적으로 국가 안위가 위태로워지고, 국가 신뢰도가 떨어지고, 경제적 침체로 연결되어 결국 중국에 종속되는 참담한 결과를 감수해야 할 것이다. 현재 대한민국이 해야 할 첫 번째 일은 사드를 배치해야 한다는 통일된 목소리를 내는 것이다. 그리고 인내심을 갖고 다각도로 외교적 역량을 발휘하면 중국이 합리적인 선택을 하고 양국 간 교류도 다시 안정을 찾을 수 있을 것이다.

사드 배치 관련 한반도에서 벌어지는 상황을 보면서 묵자가 공수반과 초왕을 찾아간 이야기가 떠오른다. 전쟁 위협을 하는 나라는 북한이고, 위협을 받고 방어를 준비하는 나라는 대한민국이다. 중국은 한국에게 요구하는 '사드 배치 반대' 목소리보다 더 큰 목소리로 북한을 찾아가 묵자의 정신을 생각하며 이렇게 말해야 하고, 실제적인 압력을 행사해야 한다.

"북한이 핵무기를 개발하기 때문에 남한은 이를 방어하기 위해 사드를 배치한다고 하니 중국이 곤혹스럽다. 한미동맹이 굳건하여 남침해도 북한이 얻을 것은 없다. 더 이상 핵무기 개발을 하지 말고, 중국처럼 개혁개방하고 백성들 배부르게 사는 궁리를 해라. 핵무기 개발을 포기해야 사드가 배치되지 않는다. 1950년 6월 25일 북한이 남침할 때는 중국이 도와주었지만, 또다시 남침을 한다면 도와줄 수 없다."

중국에서 1949년 중화인민공화국이 건국된 후, 공자를 비롯하여 중국 전통이 부정되고 파기되었다. 1978년부터 추진하기 시작한 개혁개방으로 경제가 발전하면서 공자를 띄우기 시작했고, 해외에 수많은 공자 학원이 설립되었다. 마침내 2011년 천안문 광장 모택동의 시신이 안장된 기념관 근처에 공자 동상까지 세워졌다. 『논어』를 현대에 맞게 쓴 책이 베스트셀러가 되고 작가는 돈방석에 앉았다. 『손자병법』은 모택동도 열심히 읽었으니 시공을 초월하여 읽히고 있다. 중국이 개혁개방과 더불어 법치 사회로 나아가면서 법가의 대표선수인 『순자』, 『한비자』도 관심을 얻고 있다.

중국의 힘이 커지고 국방력이 강해지면서 중국을 의심의 눈초리로 보는 나라가 많아지고 있다. 그런데 중국에서 묵자의 유전자는 멸종했단 말인가? 이천여 년 전에 겸애, 비공, 절약을 주장한 묵자의 유전자가 다시 나타나서 전 세계를 밝게 비추기를 기대한다. 그리고 잊지 말아야 한다. 초나라가 송나라 공격 결정을 철회하게 만든 일등 공신은 바로 송나라에 배치된 방어용 무기 덕분이라는 것을.

22

인정받고 싶은 자객들

| 예양, 섭정, 형가 |

「자객열전」에 등장하는 주인공 5명 중에 3명의 자객을 소개하면서, 그 자객들이 21세기에도 여전히 의로운 사람인지 따져 보고자 한다.

첫 번째 주인공인 예양(豫讓)은 진(晉)나라 사람이다. 원래 범(范)씨와 중행(中行)씨 밑에서 일했지만 중용되지 않았다. 예양은 그들을 떠나 지백(智伯) 밑에서 일하면서 총애를 받고 중용되었다. 후에 지백이 조양자(趙襄子)를 공격하니, 조양자는 한(韓)씨 위(魏)씨와 공동으로 지백을 죽이고 지백이 다스리던 땅을 나누어 가졌다. 지백을 몹시 증오했던 조양자는 지백의 해골에 옻칠을 하여 술그릇으로 사용하였다. 예양이 산속으로 피신하여 말하였다.

"선비는 자신을 인정해 주는 사람을 위하여 기꺼이 목숨을 던지고, 여인은 자신을 사랑하는 사람을 위해 몸을 가꾼다고 한다. 지금까지 지백이 나를 인정해 주었으니 나는 그를 위해 목숨을 바쳐 복수를 하겠다. 그렇게 해야 죽어서도 부끄럽지 않을 것이다."

예양은 신분을 속이기 위해 이름을 바꾸고 죄수들과 함께 조양자의 집 변소 청소를 했다. 예양은 몸속에 비수를 숨기고 조양자를 암살할 기회를 노리고 있었다. 변소를 찾았다가 느닷없이 가슴이 뛰는 것을 이상하게 여긴 조양자는 변소 청소하는 사람을 신문하여 가슴에 비수를 품고 있는 예양을 사로잡았다. 예양이 말하였다.

"지백을 대신하여 복수를 하고자 한다."

조양자의 경호원이 예양을 죽이려 하자 조양자가 말한다.

"그는 의로운 사람이다. 내가 조심해서 그를 피하면 그만이다. 지백이 죽고 후손이 없으나 그의 신하가 대신 원수를 갚으려 하는구나. 이런 사람이 천하에 현명하고 덕이 있는 사람이다."

조양자는 예양을 풀어 주었고, 얼마 되지 않아 예양은 몸에 옻칠을 하고 숯을 먹어 고의로 벙어리가 되었다. 이전에 예양을 알았던 사람도 그를 알아볼 수 없게 되자, 예양은 거리에서 거지 노릇을 하였다. 그의 처도 예양을 못 알아볼 정도였다. 그러나 거리에서 친구와 마주쳤는데, 그 친구가 예양을 알아보고 말하였다.

"너 예양 아니냐?"

"그래, 내가 예양이다."

"자네 같이 능력 있는 사람이 조양자를 위해 일한다면 반드시 중용될 터이고 그러면 조양자 가까이서 그를 쉽게 죽일 수 있을 텐데, 왜 이렇게 몸을 상하게 하면서 고통스럽게 지백의 원수를 갚으려 하는가?"

"내가 조양자 밑에서 일하는 척하면서 그를 죽이려 한다면 이것은 바르지 못한 행동이다. 내가 하고자 하는 일이 비록 어려울지라도 다른 생각을 가지고 주군을 모시는 척하는 바르지 못한 사람들이 부끄러움을 느끼도록 그렇게 할 것이다."

예양은 조양자가 지나가려고 하는 다리 밑에 숨어서 조양자를 기다리고 있었다. 조양자가 다리에 도착하자 말이 갑자기 놀라니, 조양자는 예양이 주위에 있을 것이라고 생각했다. 사람을 보내 찾아보니 과연 예양이 있었다. 조양자가 잡혀 온 예양에게 물었다.

"그대가 이전에 범씨와 중행씨 밑에서 일을 했지만 지백이 그들을 죽였을 때 자네는 복수를 하지 않고 지백을 위하여 일하였네. 지금 지백이 죽고 없는데 왜 이렇게 복수를 고집하는가?"

"범씨와 중행씨는 나를 인정해 주지 않았다. 그러나 지백은 나를 인정하고 중용하였기에 중용받은 만큼 그에게 보답하고자 한다."

"그대는 지백을 위해 충성을 다하고 이미 명예를 얻었다. 그리고 내가 그대를 풀어 주었지만 계속해서 복수를 고집하니, 이번에는 풀어 줄 수가 없구나."

"현명한 군주는 다른 사람의 좋은 점을 숨기려 하지 않고, 충신은 절개를 지키기 위해 목숨도 버립니다. 이전에 저를 풀어 주니 조양자께서는 이미 현명한 군주의 명성을 얻었습니다. 이제 죽음을 앞두고 바라옵건대 군주의 옷을 저에게 주시기 바랍니다. 저는 그 옷을 베어 버림으로써 저의 복수를 마무리하고자 합니다."

조양자는 예양의 충성심에 감동하여 자신의 옷을 예양에게 건네주었다. 예양은 검을 빼어 옷을 세 번 휘두르고 자살하였다. 예양이 죽은 날, 많은 선비들은 이 소식을 전해 듣고 눈물을 흘렸다고 한다.

두 번째 주인공인 섭정(攝政)은 한(韓)나라 사람이다. 그는 집안 원수를 갚기 위해 사람을 죽이고 도망가서 숨어 살았다. 섭정은 도살하는 것을 생업으로 삼고 일했으며 어머니와 누나가 함께 살았다. 당시 원수를 갚기 위해 자객을 찾고 있던 엄중자(嚴仲子)가 예의를 갖추어 섭정에게 많은 선물을 주었지만, 섭정은 이를 받지 않았다. 몇 년이 지난 후에 섭정의 어머니가 돌아가시고, 누나는 시집을 갔다. 섭정은 스스로에게 말하였다.

"엄중자는 높은 관직에 있는 사람이다. 먼 길을 마다하지 않고 나를 찾아와 어머니에게 장수를 기원해 주고 선물을 주려고 하였다. 비록 내가 그 선물을 받지 않았지만 엄중자는 나를 인정해 주는 사람이다. 나는 엄중자를 위해 내 한목숨 희생하리라."

섭정이 엄중자를 찾아가서 원수를 갚아 주겠다고 말했다. 엄중자는 섭정에게 고마움을 표시하면서 기량이 뛰어난 자객을 데리고 갈 것을 제안하였다. 그러나 암살 계획에 많은 사람이 관여하면 실패할 확률이 높다고 판단한 섭정은 혼자 몸으로 한(韓)나라 재상을 암살하러 떠난다.

섭정은 한나라 재상의 집으로 찾아가 암살에 성공하자 자신의 얼굴 가죽을 벗기고, 눈을 도려내고, 배를 찔러 내장을 꺼내면서 죽어 갔다. 한나라는 현상금을 걸어 자객의 신원을 파악하려고 노력하였지만 섭정을 알아보는 사람이 나타나지 않았다. 며칠이 지난 후, 섭정의 누나 섭영(攝榮)이 현장에 나타나서 말하였다.

"나의 동생이 자신의 몸을 훼손한 것은 내가 살아 있기 때문이다. 동생은 자신이 누구인지 모르게 하기 위해 그토록 고통스런 일을 했다. 나는 죽음을 두려워하지 않는다. 나는 나의 동생이 얼마나 정의로운 사람인지를 세상에 알리고자 한다."

섭영은 동생의 시신을 붙잡고 울며 죽었다. 섭영 또한 동생이 많은 사람으로부터 정의로운 사람으로 인정받도록 자신의 목숨과 가족을 버렸던 것이다. 그러나 이것은 섭정이 원했던 것이 아니고, 예상했던 것도 아니다. 섭정이 견디기 어려운 고통을 참아 가며 자신의 신원을 감추려고 한 것은 누나에게 화가 미칠 것을 차단하기 위함이었다.

그런데, 섭정과 섭영이 서로 소통이 부족해서인가? 섭영은 섭정보다 인정받고 싶은 마음이 더 강했던 것인가? 섭정은 엄중자의 인정을 받으면 족했는데, 섭영은 더 많은 사람들의 인정을 받고 싶었던 것인가? 섭정의 의도와는 반대로 섭영이 죽었지만, 주위 사람들은 섭영이 열녀라고 인정해 주고 칭찬했다.

세 번째 주인공인 형가(荊軻)는 위(衛)나라 사람으로 독서와 검술을 좋아했다. 자신을 인정해 주는 사람을 찾아서 여러 나라를 돌아다니다가 갑섭을 만나 검법에 대해 논의했다. 이유를 알 수 없으나 갑섭이 비위가 거슬려서 노려보니, 형가는 그냥 나가 버렸다. 그 후 형가가 조(趙)나라 수도 한단에서 노구천(魯句踐)과 도박을 하다 다툼이 생겼다. 노구천이 화를 내자, 형가는 또다시 나가 버렸다.

그 후 연(燕)나라에서 고점리(高漸離), 전광(田光) 등과 사귀었다. 연나라 재야인사였던 전광은 형가의 비범함을 인정하고 정중히 대우했다. 이때 연나라의 태자 단(丹)이 진(秦)나라에 인질로 있다가 도망쳐 돌아왔다. 어렸을 때 조(趙)나라에 인질로 있었던 단은 어린 정(政)과 친하게 지냈다. 둘 다 조나라에 인질로 잡혀 있는 몸이니 동병상련의 심정으로 서로 쉽게 친해졌다. 후에 정은 여불위의 도움으로 진나라로 돌아가고 13세의 어린 나이에 진나라 왕위를 계승하고 후에 천하를 통일하여 진시황이 된다.

진나라는 계속해서 강성해지고 주위의 나라를 위협하기 시작한다. 연나라는 진나라의 공격을 피하기 위하여 단을 진나라에 인질로 보낸다. 단은 이전에 조나라에서 정과 친하게 지낸 일을 생각한다. 정이 지금은 진나라 왕이지만, 그래도 옛날에 친했던 관계를 고려하여 자신을 잘 대해 주리라 기대했다.

그러나 단의 예상은 보기 좋게 빗나갔다. 정이 단을 소홀히 대접하자, 단은 정에게 자신이 연나라로 돌아갈 수 있도록 도와 달라고 요청한다. 그러나 정은 단을 도와주지 않았으며 오히려 단이 심한 모멸감을 느끼게 하였다. 단의 마음은 복수심으로 가득 찼고, 마침내 변장을 한 후 연나라로 도망친다. 단의 주위 사람들이 단의 복수 계획을 듣고 말하였다.

"진나라와 우호 관계를 유지하셔야 합니다. 개인적인 원한을 갚으려고 진나라와의 관계를 악화시켜서는 안 됩니다."

그러나 단은 주위의 권고를 무시하고 복수하는 방법을 찾고 있었다. 그러던 중 단은 전광을 통해 형가(荊軻)를 추천받게 된다. 형가는 처음에 거절하였으나 단이 여러 번 찾아와 절하고 정중하게 부탁하자 승낙하게 된다. 단은 형가에게 높은 벼슬을 내리고 미녀와 좋은 음식으로 접대하였다. 이제 진왕 정을 죽이러 가야 할 시간이 되었다.

형가는 의심받지 않고 진왕을 만나기 위해 번우기(樊于期)의 목과 독항(督亢)의 지도를 선물로 준비한다. 번우기는 진왕에게 죄를 짓고 연나라로 도망 온 인물이니, 그의 목을 가지고 가면 진왕을 만나기 수월하다고 판단했다. 지도는 기름진 독항의 땅을 진왕에게 바친다는 의미였다. 그리고 마지막으로 단은 조나라 사람 서부인(徐夫人)이 만든 비수를 백금을 주고 사서 형가에게 주었다. 비수에 독약을 발라 시험하니, 살짝만 닿아도 즉사하였다. 형가는 단이 붙여준 진무양(秦舞陽)이라는 용사와 함께 진왕을 죽이러 간다.

역수(易水)를 건너기 전에 단과 몇몇 사람들이 흰 상복을 입고 제사 지내며 형가를 전송했다. 특히 축의 명인 고점리의 연주에 맞추어 형가가 비장하게 노래를 불렀고, 모인 사람들은 저마다 눈물을 흘렸다. 이 노래는 지금도 많은 사람들의 마음을 흔들어 놓는다.

"바람은 쓸쓸하고 역수(易水)는 차갑구나. 장사(壯士) 한번 가면, 다시 오지 못하리."

쥐도 새도 모르게 추진되어야 할 암살 계획이, 흰 상복을 입고, 제사를 지내고, 축 연주에 맞추어 노래까지 불러댄다. 이 장면이 마치 동네방네 알리는 것 같아 지어 낸 이야기라는 지적도 있지만, 문장가로서 사마천의 필력을 뽐내는 대목이다.

형가는 진나라 몽가(蒙嘉)에게 뇌물을 써서 진왕을 만날 수 있게 되었다. 형가는 번우기의 목이 든 함을 들고, 진무양은 독항의 지도를 넣은 상자를 들고 진왕을 향해 걸어갔다. 진왕에게 다가갈수록 진무양의 얼굴색이 창백해지고 벌벌 떨기 시작하여 의심을 받기도 하였지만, 진왕 앞에까지 가는 데 성공하였다.

진왕 앞에서 형가는 둘둘 말린 지도를 꺼내서 바쳤고, 진왕이 흐뭇한 마음으로 지도를 펼치기 시작했다. 지도가 다 펴지니 비수가 나왔다. 형가는 왼손으로 왕의 소매를 잡고, 오른손으로 비수를 잡고 진왕을 찔렀다. 그런데 아뿔싸! 비수가 조금 짧았다. 2016년 올림픽 펜싱에서 금메달을 딴 박상영 선수의 찌르기 실력이었으면 진왕의 몸에 독이 퍼졌고, 역사가 바뀌었을 것이다. 형가의 찌르기 솜씨는 금메달감은 아닌 것 같다. 노구천도 형가가 진왕 암살에 실패했다는 이야기를 듣고 형가에게 찌르기 검법을 가르쳐 주지 않은 것이 안타깝다고 탄식했다고 한다.

진왕이 도망가고 형가가 추격하는 동안 어전(御殿)은 아수라장이 되었다. 이때 시의(侍醫) 하무저가 가지고 있던 약주머니를 형가에게 던졌다. 그리고 진왕에게는 칼을 등 뒤로 돌려서 뽑으라고 알려 주었다. 칼이 너무 길고 경황이 없어서 그동안 뽑지 못했던 것이다. 진왕은 이 틈을 타 칼을 빼어서 형가의 왼쪽 다리를 베었다. 쓰러진 형가가 비수를 진왕에게 던졌으나 기둥에 맞았다. 진왕이 형가를 여덟 번을 더 베었고 형가는 기둥에 기대서 웃으며 말했다.

"실패한 원인은 진왕을 산 채로 위협하여 빼앗긴 연나라 땅을 반환한다는 약속을 받아내고, 이를 태자에게 보고하려고 했기 때문이었다."

이러는 동안 좌우의 신하들이 나서서 형가의 숨을 끊었다. 진왕은 암살의 배후에 연나라 태자 단이 있음을 알고 군대를 보내 연나라를 공격한다. 연나라는 진나라의 공격을 막아 내기에는 역부족이었다. 연나라는 진나라가 원하는 것이 태자 단의 목이라고 생각하고 단의 목을 진나라에 바친다. 연나라 왕은 연나라를 위해 아들의 목숨을 거둔 것이다.

그러나 진나라는 이에 만족하지 않고 계속해서 연나라를 공격한다. 진나라 명장 왕전(王翦)의 아들 왕분(王賁)이 군대를 이끌고 연나라를 공격하여 연나라 왕을 사로잡고, 기원전 222년 연나라를 멸망시킨다. 진나라는 이 여세를 몰아 기원전 221년 마지막 남아 있는 제(齊)나라를 멸망시킴으로써 중국 통일의 대업을 완성하게 된다.

| 스캔하기 ||

자객의 사전적 의미는 '몰래 다른 사람을 찔러 죽이는 일을 전문으로 하는 사람'이다. 자객은 암살자와 비슷한 뜻으로, 일반적으로 부정적인 의미로 사용된다. 그런데 사마천은 자객들을 가리켜 자신의 굳은 의지를 바꾸지 않는 의인(義人)이라고 좋게 평가했다. 아마 한 입으로 딴소리하고, 말과 행동이 일치하지 않는 사람들을 꾸짖고 싶어서 자객을 좋게 평가했었을 것이다.

이는 당시의 가치관을 반영했다고 볼 수도 있다. 더욱이 『사기』의 위대함과 사마천의 멋진 필력으로 인해 2,000년이 지난 지금도 자객들은 의인으로 평가받고 있다. 이제 21세기 문명과 상식의 기준으로 자객들을 계속 의인으로 평가하는 것이 적절한지 따져 보고자 한다.

첫째, 자신을 인정해 주는 사람을 위해 대신 살인해 주는 것이 의로운 일인가? 암살의 목적은 자신을 인정해 주었던 사람의 개인적 원한을 대신 복수하는 것이다. 물론 대가를 받는 청부살인과는 차원이 다르다. 오로지 자신을 인정해 준 사람에 대한 고마움의 표시이다.

『논어』에서 공자가 말한다. "남이 알아주지 않아도 화내지 않으면, 군자가 아니겠는가?" 대부분의 사람은 인정받지 못하면 화를 내는데, 이것이 인간의 본성이라고 본 것이다. 군자가 되려면 이 본성을 극복하고 인정받지 못해도 스스로 만족하여 화내지 않아야 한다는 것이다. 각자 자신에게 물어보면 안다. 군자가 되는 것이 얼마나 어려운지!

프랜시스 후쿠야마 교수는 자신의 책 『역사의 종말』에서 "헤겔에게 인류사의 원동력이란 근대 자연과학이 아니라, 또 근대 자연과학의 발전을 촉구한 무한히 팽창하고 있는 욕망의 체계가 아니라 오히려 완전히 경제와는 무관한 요인, 즉, '인정(認定)받고자 하는 투쟁'(다른 사람으로부터 인정받으려고 하는 인간의 노력)에 있었다."라고 쓰고 있다.

공자는 인정받고 싶은 마음을 본성으로 보았고, 헤겔은 인정받고자 노력하는 것을 인류 발전의 원동력으로 보았다. 지당하신 말씀이다. 그런데 문제는 인정받고자 남을 죽이는 자객을 의인으로 평가할 수 있냐는 것이다. 아무리 사마천의 문장이 뛰어나다 해도 이제는 '인정받기 위해' 살인하는 자객들에 대하여 새로운 평가를 내릴 때가 되었다.

둘째, 자객이 살인을 하면서도 전혀 정신적 고통을 느끼지 않았다면 의인(義人)인가?

데이브 그로스먼은 자신의 저서 『살인의 심리학』에서 "인간의 마음속에는 자기 목숨이 달려 있는 상황에서조차 살해를 거부하게 만드는 힘이 있다."(476쪽)는 메시지를 전달한다. 이 책을 한 번 더 인용하자. "제2차 세계대전을 대상으로 스왱크와 머천드가 연구한 바에 따르면, 살해에 거부감을 전혀 느끼지 않으며 장기간 전투를 해도 정신적 사상자가 되지 않는 '공격적 사이코패스(정신병질자)' 기질을 지닌 전투병이 약 2퍼센트 존재한다."(272쪽)

자객들이 살인을 하면서 정신적 고통을 느끼지 않았다면 공격적 사이코패스의 기질을 갖고 있다고 볼 수 있다. 국가를 지키기 위해 의무적으로 싸워야 하는 군인들조차 98%는 적을 죽이는 데 정신적 고통을 느낀다는 것이다. UN군의 전투모자가 철모가 아니라 천으로 만든 베레모인 것은 살인하고 싶지 않은 인간의 본성을 역이용한 것이다. 정상적인 사람이면 살인을 할 때 피살자와의 거리가 가까울수록 정신적 고통이 가중되는 것이 일반적이다.

사이코패스를 다룬 또 하나의 책을 소개한다. 린 마굴리스, 에두아르도 푼셋은 과학자 37명의 생각을 『과학자처럼 사고하기』란 책으로 엮어 냈다. 이 37명의 과학자 중 로버트 헤어 심리학과 교수는 사이코패스를 이렇게 설명한다. 사이코패스는 사물을 감정이 아니라 언어로 이해하고 있으며, 사이코패스가 감정적인 요소를 분석하려고 할 때 활성화되는 뇌의 영역은 일반인과는 다르다는 것이다. 이에 따라 사이코패스는 일반인이 느끼는 감정을 이해하지 못하기 때문에 사이코패스가 범죄용의자로 잡혔을 때, 경찰이 자백을 받으려고 감정이나 양심에 호소하면 효과가 없다.

섭정이 자기 얼굴을 찢는 장면을 영화로 만든다면 19금으로 다루어야 할 정도로 소름끼친다. 그러나 섭정이 살인을 하거나 자살을 하면서 정신적 고통을 느꼈다는 언급은 어디에도 없다. 예양과 형가는 암살에 실패하였지만, 만일 성공했더라도 정신적 고통은 못 느꼈을 것 같다. 사이코패스라는 용어가 없던 2,000년 전의 자객들을 지금의 기준으로 평가하는 것이 무리일 수는 있다. 그러나 인간의 가치 판단은 세월이 흐르면서 변해 왔고 그래야 정상이다.

21세기다. 인정받기 위해 칼에 의지했던 자객들을 지금도 의인으로 평가할 수 있겠는가?

23

잘나서 위태로운 사람들

| 왕전, 한신, 소하 |

그 옛날에는 잘나야 중용(重用)되었지만, 너무 잘나면 목숨이 위태로울 수도 있었다. 왕에게 중용된 잘난 신하 세 명의 처신을 살펴보자.

첫 번째 이야기의 주인공은 치졸한 행동으로 왕의 신임을 얻고, 전쟁에서 승리를 거둔 왕전(王翦)이다. 진(秦)나라는 세력이 강성해짐에 따라 주위의 나라를 점령하기 시작했다. 진나라 장군 왕분(王賁)이 초(楚)나라를 공격하여 십여 개의 성을 점령하였다. 후에 진시황(秦始皇)이 되는 진왕(秦王)은 초나라를 완전히 점령하기 위해 진나라 백전노장(百戰老將) 왕전에게 말했다.

"짐이 초나라를 완전히 점령하고자 하는데, 장군이라면 몇 명의 군사를 이끌고 임무를 완수할 수 있겠소?"

"초나라는 큰 나라입니다. 비록 진나라에게 십여 개의 성을 점령당했지만 결코 가볍게 상대할 나라가 아닙니다. 최소한 육십만 군사는 있어야 임무를 완수할 수 있을 것입니다."

"허허! 참! 장군도 이제 늙었습니다."

진왕은 이신(李信)이라는 젊고 유능한 장군을 찾아서 물었다.

"짐이 초나라를 완전히 점령하고자 하는데, 장군이라면 몇 명의 군사를 이끌고 임무를 완수할 수 있겠소?"

"초나라가 큰 나라이기는 합니다만, 이미 십여 개의 성을 진나라에게 점령당했습니다. 이십만 군사만 있으면 임무를 확실하게 완수할 수 있을 것입니다."

진왕은 이신의 대답을 듣고 기뻐하며 이십만 군사를 주어 초나라를 점령하도록 명령했다. 처음에 이신이 이끄는 진나라 군대가 초나라의 몇몇 성들을 점령하였다. 그러나 초나라 깊숙이 공격해 들어간 이신의 군대는 초나라 군대의 기습 공격을 받고 패하여 돌아왔다. 진왕은 화가 나서 이신의 관직을 박탈하였다.

진왕은 왕전만이 초나라를 점령할 수 있다고 생각하고 친히 왕전을 찾아가 초나라를 공격하는 대장군이 되어 줄 것을 다시 요청하였다. 이에 왕전은 아주 곤란하다는 표정을 지으며 대답하였다.

"저의 생각에는 변함이 없습니다. 육십만 군사는 있어야 임무를 완수할 수 있을 것입니다."

진왕은 왕전의 건의대로 육십만 군사를 주었다. 왕전은 한편으론 초나라 공격 준비를 하면서, 한편으로 진왕에게 자신이 초나라를 공격하는 동안 자신의 가족을 잘 돌봐 주고 후에 전공을 세우면 후한 상을 내려 달라고 거듭 요청하였다. 왕전의 부하가 왕전의 행동을 보고 물었다.

"장군님의 요청이 과도합니다. 장군이 전쟁에 임하면서 어찌 개인적인 일에 그렇게 신경을 많이 쓰십니까?"

"내가 진왕에게 요청하는 것은 당연히 과도한 행동이다. 진왕은 심성이 포악하고 남을 의심하는 인물이다. 진왕은 자신의 군사 대부분을 나에게 넘겨주었으니 혹시 내가 다른 마음을 먹지나 않을까 걱정을 하고 있는 것이다. 내가 개인적인 요청을 과도하게 하고 재물에 관심을 표시하는 것은 모반을 한다는 의심을 받지 않기 위함이다."

왕전은 진왕을 안심시키기 위해 고의로 그런 행동을 한 것이었다. 경험이 풍부한 백전노장(百戰老將) 왕전은 전쟁 최전방 장군에게 제일 중요한 것이 무엇인지 간파하였던 것이다. 왕전은 진왕의 절대적인 신임에 의지하여 초나라와의 전쟁에서 자신의 능력을 십분 발휘한다. 왕전은 처음에는 초나라와의 전면전을 피하다가, 초나라 군대의 사기가 떨어지고 진나라 군대의 사기가 오르는 시기를 선택하여 초나라를 공격하였다. 기원전 223년, 왕전은 초나라를 점령하고 진나라로 귀국하였다.

두 번째 이야기의 주인공은 너무 능력이 출중하여 유방에게 처형당한 한신(韓信)이다. 그는 가난한 평민 출신으로, 젊어서 고향에서 밥을 얻어먹으며 살다 혼난 적이 있으며, 부랑자의 가랑이 밑을 기어가는 수모를 당한 적도 있다.

그 후 한신은 항량(項梁)의 부하로 들어가 전쟁에 참가한다. 항량이 죽자, 한신은 항우(項羽)의 부하로 있으면서 많은 계책을 건의한다. 항우가 매번 한신의 건의를 받아들이지 않자, 한신은 항우를 떠나 유방(劉邦)의 부하가 된다. 당시는 항우와 유방이 중국을 통일하기 위해 패권을 다투던 시기였다. 유방의 부하 소하(蕭何)는 한신과 국가 대사에 대하여 의견을 교환한 후, 한신의 능력을 높이 평가하고 유방에게 추천한다. 그러나 유방도 한신을 중용하지 않았다.

유방과 항우와의 전쟁에서 유방이 불리할 때 많은 군사들이 유방의 곁을 떠났다. 한신도 이때 유방 곁을 떠났다는 소식이 소하에게 전해지자, 소하는 유방에게 보고하지도 않고 급히 말을 타고 한신을 찾아 나섰다. 유방은 소하가 도망갔다는 소식을 듣고 몹시 화가 나 있었다.

그로부터 며칠이 지난 후, 소하가 한신과 함께 유방의 군영에 돌아왔다. 유방은 소하가 돌아와 기쁘기도 하지만 도망갔었다는 사실에 화가 나서 아주 퉁명스럽게 소하에게 도망갔던 이유를 물으니 소하가 대답하였다.

"신은 도망간 것이 아닙니다. 신은 한신을 데리러 갔다가 돌아온 것뿐입니다."

"흐음! 허허! 참! 한신이 그렇게 중요한 인물이오?"

"예, 만일 폐하가 한왕(漢王)에 만족한다면 한신을 중용할 필요는 없습니다. 그러나 폐하가 중국을 통일하고자 하신다면 한신이 꼭 필요합니다. 한신을 대장군에 임명하여 중용하시길 바랍니다."

이 이야기는 포숙이 제환공에게 관중을 추천할 때 했던 말과 유사한 것으로 보아 당시의 유행어 같다. 유방은 소하의 건의에 따라 예의를 갖추어 한신을 대장군에 임명하였다. 어느 날, 유방은 한신을 불러 자신과 항우가 어떤 점에서 차이가 있는지 물으니 한신이 대답한다.

"항우는 신체 건강하고 힘이 세고 용감합니다. 그러나 성품이 좋지 않고 부하를 신뢰하지 않습니다. 항우는 인재를 어떻게 관리해야 하는지를 모릅니다. 자신의 부하가 공을 세워도 항우는 그 부하에게 상을 내리는 데 인색합니다. 만일 폐하께서 항우와 반대로 행동하신다면 분명히 성공하실 것입니다."

유방이 한신을 대장군에 임명한 이후, 한신은 전쟁에서 실력을 발휘하여 여러 번 승리를 한다. 어느 날, 유방은 한신을 불러 전쟁과 장군의 능력에 대하여 이야기하면서 한신에게 물었다.

"내가 장군이 되어 군사를 지휘한다면 몇 명 정도 지휘할 수 있겠는가?"

"몇 십만 대군을 족히 지휘할 수 있을 것입니다."

"그럼, 한신 장군은 몇 명의 군사를 지휘할 수 있겠소?"

"다다익선(多多益善)입니다. 저는 군사가 많을수록 좋습니다."

한신의 말을 들은 유방의 얼굴색이 일순간 변했다. 순간 한신은 자신이 잘못 대답했다는 것을 깨닫고 즉시 말을 바꾸어 말했다.

"폐하께서는 수십만의 장군을 지휘하실 능력이 충분하십니다. 그러나 신은 많은 병졸을 다스릴 능력이 있을 뿐입니다. 그러므로 신이 폐하의 지시에 따라 병졸을 이끌고 전쟁을 하고 있습니다."

유방은 한신의 변명을 듣고 화가 조금 누그러들었지만 한신에 대한 경계심을 풀지는 않았다. 후에 한신이 전공을 세우면서 그 세력이 강성해지자, 한신의 부하인 괴통이 한신에게 말했다.

"신하의 능력과 지혜가 주군을 능가하면 그 신하의 생명이 위태롭습니다. 유능한 한 명의 신하가 큰 공을 세워 나머지 신하들의 공을 뛰어넘으면 그 유능한 신하의 생명이 위태롭습니다. 한신 장군께서 스스로 왕이 되는 것이 좋을 것입니다."

한신이 괴통의 건의를 받아들이지 않자, 괴통은 한신의 곁을 떠났다. 후에 한신이 유방에게 잡혀 처형되기 전, 괴통의 건의를 듣지 않은 것을 후회하였지만 이미 때는 늦었다.

유방과 항우와의 전쟁에서 유방이 불리할 때 많은 장군이 유방의 곁을 떠난 적이 있다. 이때 한신도 유방의 곁을 떠났지만 그 이유가 다른 장군과는 달랐다. 도망간 대부분의 장군은 유방의 전세가 불리하니 자신의 목숨을 보존하려고 도망간 것이다. 그렇다면 한신은 어떠했는가? 그는 자신이 중용되지 않았기 때문에 떠난 것이다.

유방은 소하의 건의에 따라 한신을 중용한 이후에 한신의 유능함을 깨닫게 된다. 그러나 한신의 능력이 군사 방면에서 너무 출중하니 유방은 자신이 한신보다 못하다고 생각했다. 유방은 항우와의 전쟁에서 승리하기 위해 한신이 필요하였지만 한신에 대한 경계심을 지울 수는 없었다. 한신이 유방에 대한 신뢰를 지켰지만, 유방은 중국을 통일한 이후에 결국 한신을 배신하였다. 이렇듯 군주의 능력보다 뛰어난 한신은 토사구팽(兎死狗烹)의 좋은 본보기가 되었다.

세 번째 주인공은 군주의 환심을 사기 위해 고의로 백성을 괴롭힌 소하(蕭何)다. 그는 유방(劉邦)과 동향 사람이다. 유방이 항우를 무찌르고 중국을 통일하는 데 기여한 세 명의 일등 공신은 소하, 한신, 장량이다.

유방은 통일 후 논공행상(論功行賞)을 할 때 여러 가지 의견이 있었지만 소하의 공을 제일 앞에 놓았다. 소하의 공은 겉으로 드러나지 않지만 보이지 않게 가장 중요한 역할을 했다는 것을 유방은 놓치지 않았다. 유방이 군사를 이끌고 진나라 황궁에 들어갔을 때, 대부분 신하들은 황궁의 규모에 놀라고 창고의 금은보화에 눈이 돌아갈 지경이었다. 그러나 소하는 승상부로 가서 지도, 호구부 등 중국을 다스리는 데 필요한 자료를 수집하고 있었다. 진나라 멸망 이후에 통일된 중국을 다스리기 위한 준비를 이미 하고 있었던 것이다.

그럼에도 불구하고 유방은 소하의 명성이 자신을 능가한다고 느껴지자, 소하에 대한 경계심을 가지게 된다. 소하는 유방의 견제를 느끼고 자신을 보호하기 위해 유방에 대한 절대적인 충성심을 보여준다.

첫 번째로 소하는 자신의 가족과 친척 중에 전쟁에서 싸울 만한 사람을 전쟁에 보내 자신의 충성심을 보여 준다.

두 번째로 소하는 자신의 재산을 모두 유방에게 헌납하여 한나라의 군대를 강성하게 만드는 데 일조한다. 유방은 소하가 절대적인 충성심을 자신에게 보여 주자 매우 흡족해했다.

세 번째로 소하는 여기에서 그치지 않고 유방의 환심을 사기 위해 고의로 백성들에게 고통을 주는 일을 벌인다. 백성들은 이것이 소하의 생각이라고 믿기 어려웠지만, 자신들의 어려움을 해결해 달라고 유방에게 건의하였다. 유방은 백성이 건의한 불만을 소하에게 전달하였지만 그 불만을 어떻게 처리하라고 지시하지는 않았다. 후에 소하가 백성들의 불만을 해결하자, 이번에는 백성들이 소하를 찬양하지 않고 유방을 찬양하였다. 유방은 백성들의 달라진 태도를 보고 속으로 웃음을 지었다.

유방은 토사구팽을 제일 잘하는 전문가다. 그럼에도 불구하고 소하는 유방 옆에서 비교적 처신을 잘해 끝까지 살아남은 신하이다. 소하는 신하의 입장에서 상황 파악을 위해 최선을 다했으며, 또한 신하이지만 군주의 입장에서 상황을 파악하는 능력도 있었다. 소하는 자신이 유방을 위해 존재한다고 생각하고 처신하였으며, 유방의 신뢰가 부족할 때는 절대적인 충성심을 보여 주어 유방으로부터 신임을 얻고 제거되지 않을 수 있었다.

| 스캔하기 |

『사기』에 등장하는 인물 중 유능한 신하, 특히 군주보다 유능한 신하는 목숨이 위태롭다. 그러면 신하는 자신을 보호하기 위해 어떻게 처신해야 하나?

첫 번째, 매사에 군주의 입장에서 생각하고 처신하여야 한다. 백성들이 자신을 칭송하게 하지 말고, 백성이 군주를 칭송하도록 만들어야 한다. 군주의 공덕을 찬양하고 자신의 공덕은 군주의 공덕 뒤에 감추어야 한다.

두 번째, 군주의 의심을 받지 않도록 최선을 다해야 한다. 비굴하게 보여도 그렇게 해야 한다. 의심을 받지 않고 살아남아야 무엇이라도 할 수 있는 것 아닌가? 왕전과 소하(蕭何)는 살아남았다. 그러나 한신이 화를 당한 것은 그만한 이유가 있는 것이다. 그렇게는 못해 먹겠다는 생각이 들면 조용히 군주의 곁을 떠나는 것이 현명한 처신일 것이다.

왜 세 명의 신하들은 이렇게 구차하게 처신해야만 했을까? 전제군주국가에서 왕은 모든 권력을 쥐고 있다. 글을 배운 백성들은 국가에서 녹을 먹고 사는 것을 가장 선호했다. 그런 부류의 사람들이 농사를 짓거나 장사를 하려고 하겠는가? 왕의 입장에서는 권력 독점이다. 신하의 입장에서는 사실상 다른 직장을 선택할 여지가 없다. 신하들의 처신이 지금의 시각으로 보면 노예의 처신이고, 영혼 없는 처신이지만, 그때는 그렇게 살 수밖에 없었던 것이다.

신하는 그렇다 치고, 왕정시대 왕은 왜 자신보다 능력이 출중한 인재를 경계했을까? 출중한 인재를 경쟁자 또는 잠재적 모반자로 생각하고 위기의식을 느꼈기 때문이다. 통일이 되기 전에는 다른 나라와 싸워야 하므로 최고로 유능한 신하의 도움이 필요하니 활용한다. 그러나 통일이 되고 나면 군주의 능력을 뛰어넘는 신하는 불필요하다. 경쟁할 나라가 없어졌기 때문이다. 유방이 많은 공신들을 토사구팽 시킨 것은 통일의 과업을 이룬 후의 일이다.

이천 년이 지난 지금 세상이 많이 바뀌었다. 일자리의 개수와 종류가 많이 늘어났다. 국가보다 일반 회사가 더 많은 일자리를 만들어 낸다. 국민의 입장에서 사실상 직업 선택의 폭이 많이 넓어졌다. 그럼에도 불구하고 아직도 조직 내에서 왕조시대 왕으로 군림하려는 상사(上司)는 암적인 존재다.

직원 공로를 빼앗아 가고, 잘못된 지시로 인한 책임을 직원에게 전가하고, 직원을 배터리처럼 쓰다 버리고, 직원의 능력이 뛰어나면 자신의 경쟁자로 생각하고 미리 싹을 잘라 버리는 악덕 상사 말이다. 들이받아야 할지, 참으면서 인사이동이 있을 때까지 기다려야 할지, 아니면 그냥 사표를 써야 할지…… . 직장인이라면 한 번쯤 이런 고민을 했을 것이다.

세월이 이천 년이 넘게 지나도 인간의 본성은 잘 변하지 않는 것 같다. 인간의 마음에는 자신보다 능력이 조금 떨어지고 말을 잘 듣는 사람을 부리고 싶어 하는 심리가 있다. 만일 자신보다 능력이 우수하면 능력을 발휘하지 못하게 하는 못된 상사(上司)의 심리도 있는 것 같다. 그러한 못된 상사의 심리로 인하여 '고용의 악순환'이라는 현상이 나타난다.

창업자는 조직이 확대되면서 인력을 증원하게 되고 응시한 사람 중 최고의 직원, 즉 A급 인재를 선발한다. 조직이 더 확대되면서 창업자는 인사 채용을 A급 직원에게 위임하고, A급 직원은 자신이 부리기 편한 B급 직원을 채용한다. B급 직원이 인사 채용을 하는 위치에 올라가면, 자신이 부리기 편한 C급 직원을 채용한다. 이렇게 시간이 지남에 따라 직원의 역량은 점점 떨어지게 된다. 이렇게 고용의 악순환이 이어지는 회사는 망하는 길로 들어선 것이다.

21세기의 인재 시장은 왕조시대와 같은 폐쇄 시장이 아닌 개방

시장으로, 국제 경쟁력이 있는 인재를 확보하는 것이 회사의 성공과 직결되는 시대가 되었다. 1998년에 창립한 구글은 이십 년도 안 되는 짧은 기간에 세계 최고의 기업으로 성장했다. 검색엔진 시장에서 시작하여 무인자동차, 항공 산업 등으로 사업을 확대하며 미래 산업을 선도하고 있다.

구글의 성장 동력은 창조력을 갖춘 세계 최고의 인재를 채용하는 방식에 있다. 채용 방법은 회사 내 수백 명으로 구성된 채용위원회에서 후보자에 대한 내용을 세밀하게 검토한다. 구글은 구글에서 일하는 것을 즐거워하는 직원, 창조적인 무엇인가를 만들어내는 데 즐거움을 느끼는 직원, 당장의 돈만을 위한 것이 아니라 인류 전체의 미래를 위해 일하고자 하는 직원, 수직적으로 군림하지 않고 수평적 관계에서 일하기 좋아하는 직원을 채용하고자 노력한다.

또한 단 한 명의 A급 인재라도 놓치지 않고 '고용의 악순환'을 예방하기 위해 면접에서는 창립 CEO 중 1-2명이 꼭 참여한다. 주인의식이 없는 전문 관리자는 아무래도 '고용의 악순환'에 빠질 가능성이 높기 때문이다. B급 또는 C급 직원의 진입을 최대한 차단하고, 최고의 인재로 최고의 회사를 만들기 위해서다.

인재 시장은 지역을 넘어, 국경을 넘어 전 세계로 확대되는 국제 경쟁의 시대가 되었다. 잘난 사람이 시기받고 능력을 발휘하지 못하고 찍혀 내려오는 사회는 도태될 것이고, 잘난 사람이 인정받고 존경받고 능력을 발휘하는 사회는 생존할 것이다.

24

「여인열전」이 있었으면

| 정수부인, 화양부인, 안영 마부의 처 |

『사기』에서 여성은 주인공이 아니다. 조연인 여성들은 힘없어 보이지만, 남성들을 이용하여 각자의 방법으로 자신의 뜻을 관철시켜 나간다.

첫 번째 이야기의 주인공은 초(楚)나라 회(懷)왕의 처 정수(鄭秀) 부인이다. 회왕이 어떤 궁녀를 아주 좋아했다. 그 궁녀를 몹시 시기하던 정수부인은 그 궁녀를 제거할 묘안을 생각해 냈다. 어느 날 정수부인이 그 궁녀에게 말했다.

"폐하께서 자네를 아주 좋아하시지. 그런데 폐하께서는 자네의 코는 마음에 안 들어 하는 것 같아. 앞으로 폐하를 모실 때 코를 가리면 좋은 결과가 있을 거야."

그 궁녀는 정수부인의 말대로 회왕 앞에서는 항상 코를 가렸다. 그 궁녀의 행동을 몹시 이상하게 여긴 회왕이 정수부인에게 그 이유를 물어보았다. 이때 정수부인이 대답했다.

"이전에 그 궁녀가 저에게 말했었는데, 폐하의 몸에서 지독한 냄

새가 나서 죽겠다고 한 적이 있습니다."

초회왕은 화가 나서 그 궁녀의 코를 잘라 버렸다. 정수부인의 간
계에 초회왕은 예쁜 궁녀를 잃게 되었고, 예쁜 궁녀는 코를 잃어
버리게 되었다.

두 번째 이야기의 주인공은 진시황의 할머니 화양(華陽)부인이
다. 진(秦)나라의 안국군(安國君)이 태자로 있을 때, 화양부인을 아
주 총애하였다. 그러나 화양부인에게는 아들이 없었다.

당시 대상인(大商人) 여불위(呂不韋)는 조(趙)나라에 인질로 와 있
는 안국군의 아들 자초(子楚)를 왕위에 앉히기 위하여 궁리를 하였
다. 그리하여 한편으론 자초와의 관계를 돈독히 하고 한편으론 화
양부인을 이용하여 안국군의 마음을 움직이려 하였다. 여불위는
돈으로 화양부인에게 접근하여 안국군이 죽은 후에 닥칠 어려움에
대비하라고 설득한다. 화양부인은 여불위에게 설득되어 안국군에
게 청을 하며 말한다.

"소첩은 폐하의 총애를 받아 지금까지 얼마나 행복한지 모릅니
다. 그러나 저에게는 아들이 없으니 앞날이 걱정입니다. 바라옵건
대 자초를 양자로 삼아 후일을 준비하도록 도와주세요."

안국군은 화양부인의 청을 받아들여 자초를 화양부인의 양자로
삼게 하였다. 그리고 안국군이 왕위에 등극하자, 화양부인의 청에
따라 자초를 태자로 삼는다. 후에 안국군이 죽자 자초가 왕위를 계
승하고, 자초가 왕위를 계승한 지 얼마 안 되어 죽자 자초의 아들
정(政)이 왕위를 계승하니 그가 바로 진시황이다. 안국군의 총애를

독차지한 화양부인의 청이 없었다면 진시황도 없었을 것이다.

마지막 이야기의 주인공은 마부(馬夫)의 부인이다. 안영(晏嬰)은 제(齊)나라에서 영공(靈公), 장공(庄公), 경공(景公)을 보좌하였으며 청렴하고 검소한 생활을 보임으로써 백성들로부터 존중을 받았다. 그는 제나라 재상으로 있으면서도 한 끼에 두 가지 이상 고기 음식을 먹지 않았으며 그의 부인도 비단 옷을 입지 않았다.

어느 날 안영이 마차를 타고 외출을 하였다. 안영 마부의 처가 남편이 말을 몰고 가는 모습을 보았다. 남편이 마차를 모는 모습이 너무도 거만하다고 생각한 안영 마부의 처는 마부가 집으로 돌아왔을 때 말하였다.

"재상님은 키가 6척도 안 되는데 제나라의 재상이 되어 검소하고 겸손하게 생활하면서 그 이름을 널리 알렸소. 그런데 당신은 키가 8척이나 되는데 재상의 말을 몰면서 그렇게 거만하게 행동을 하십니까? 나는 당신을 떠나겠어요."

이후에 마부는 부인의 말을 듣고 태도를 바꾸어 겸손하게 행동하였다. 안영은 마부의 행동이 달라진 것을 보고 이상하게 여겨 그 이유를 물으니, 마부는 자신의 부인과 하였던 대화내용을 사실대로 말하였다. 안영은 마부가 가르칠 만한 인재라고 여겨 관직에 추천하였고 후에 대부의 지위에까지 올랐다. 아니, 똑똑하기로 치면 마부의 아내가 마부보다 더 똑똑하고, 마부의 행동도 마부 부인의 충고 덕분인데, 어찌 마부 부인을 관직에 추천하지 않고, 마부를 추천하였을꼬?

『사기』속에 등장하는 여인들은 화양부인이나 정수부인처럼 남자의 마음을 움직여 자신의 뜻을 이루는 경우가 많다. 여기서 여인의 뜻이란 보편적 가치를 추구하는 것이 아니라 자신이 살 궁리를 하는 경우가 대부분이다. 여성은 살기 위해서 남자의 마음을 움직여야 한다. 여자는 남자의 마음을 움직이기 위해, 남자의 사랑을 받기 위해 화장을 한다. 여자는 자기 살 궁리를 하다 보니 다른 사람을 불행에 떨어뜨리는 경우가 많다. 그런데『사기』전체를 통틀어 최고의 여자가 있으니 바로 세 번째 이야기의 주인공, 마부의 처다.

당시에는 여성의 지위가 아주 낮았고 남편에게 직언하기도 어려운 시기였다. 그런데 쥐뿔도 없으면서 거들먹거리는 남편을 향해 정신 차리라고 속 시원하게 말했다. 또한 마부가 부인의 지적을 겸허히 받아들여서 귀감이 될 만한 이야기가 탄생했다.

21세기는 남녀평등의 시대이다. 어떤 면에서는 여성상위시대로 느껴질 정도다. 남녀평등은 형식적인 측면에서 보면 여성에게 참정권이 주어지는 것에서부터 시작한다고 볼 수 있다.

1893년 현재 존재하는 국가 중 뉴질랜드가 최초로 여성에게 참정권을 주었고, 1906년 유럽 국가 중 핀란드가 최초로 여성에게 참정권을 주었다. 그 이후 노르웨이, 덴마크, 캐나다, 독일, 영국, 미국 등의 나라로 여성의 참정권이 확대된다. 그러나 남녀 간의 참정권 나이에 차별이 있었으니, 영국의 경우 1928년이 되어야 남녀 똑같이 21세가 되면 투표권이 주어지는 보통선거가 받아들여

진다.

대한민국은 1948년 남녀 모두 동일하게 투표권을 갖게 되었다. 1945년 8월 15일 일제 식민지에서 해방되고 1948년 8월 15일 대한민국이 건국된 것을 감안하면, 상당히 획기적이고 신속하게 남녀평등을 받아들인 것으로 볼 수 있다.

이후 여성의 사회적 참여는 계속 확대되고 남녀 간 차별은 계속 엷어지고 있다. 대한민국 대부분의 고등학교 학생 중 여학생의 성적이 남학생 성적보다 우수하고, 시험 성적이 당락을 좌우하는 공무원 시험에서 여성 합격자가 50% 이상인 사례가 증가하고 있다. 여성 대통령을 배출한 나라는 대한민국을 비롯해서 핀란드, 영국, 호주, 독일 등 점점 늘어나고 있다.

이렇게 여성의 사회 참여와 역할이 늘어나는 데에는 교육 및 여성 단체의 노력이 크게 기여했을 것이다. 그러나 여성의 사회 참여에 기여한 숨은 일등 공신은 바로 피임기구와 세탁기이다. 이 두 가지가 없었다면 여성의 사회 참여는 제한적이거나 아주 느리게 진행되었을 가능성이 높다. 여성이 남성보다 열등하다고 생각했던 시기도 있었다. 암탉이 울면 집안이 망한다는 말이 한때 유행하기도 했다. 그러나 21세기에 그런 생각을 하는 사람은 없을 것이다.

『사기열전』에 여성의 이야기는 있지만 주인공이 아니고 조연으로 등장할 뿐이다. 사마천이 타임머신을 타고 21세기의 여성 활약상을 둘러보고 돌아갈 수 있다면, 『사기열전』에 「여인열전」 한 편정도는 만들지 않았을까 생각해 본다.

25

외국인을 죽여라

| 맹상군, 이사 |

맹상군(孟嘗君)이 많은 식객을 거느렸다는 것은 19장에서 이야기했다. 이번에는 맹상군이 외국인이라는 이유로 죽을 고비를 넘긴 이야기다. 당시 각 나라의 제후들은 제(齊)나라 맹상군의 능력을 높이 평가하여 자기 나라에 와서 재상의 자리를 맡아 줄 것을 희망하였다. 진(秦)나라 소왕(昭王)이 맹상군을 진나라 재상으로 삼기 위해 초청하였다. 맹상군은 수하에 식객(食客)을 거느리고 진나라로 갔고, 백여우 가죽으로 만든 옷을 진소왕에게 선물로 바쳤다. 진소왕이 맹상군과 이야기를 나누어 보니, 과연 훌륭한 인물인지라 재상에 임명하였다. 그 후 진나라의 한 대신이 말하였다.

"맹상군은 제나라 사람입니다. 맹상군이 비록 진나라의 재상으로 일한다 해도 항상 제나라를 우선적으로 고려할 것입니다. 그가 이미 진나라에 오래 머물러서 진나라의 상황을 많이 파악하였습니다. 만일 그가 제나라로 돌아가게 되면, 진나라는 위험에 빠질 것입니다. 빨리 맹상군을 제거하는 것이 좋을 것입니다."

진소왕은 배타적 국민주의을 주장하는 대신의 건의가 옳다고 여기고 맹상군을 하옥시켰다. 국적이 다르다는 이유로 졸지에 죽게 생긴 맹상군은 식객들과 함께 감옥을 탈출하여 제나라로 돌아가는 방법을 짜내고 있었다. 어떤 식객이 말하였다.

"진소왕은 그가 총애하는 여자의 청은 다 들어준다고 합니다. 그러니 그 총애받는 여자를 이용하면 효과가 있을 것입니다."

맹상군은 감옥 안에서 사람을 보내 그 여자의 반응을 알아보도록 하였다. 그 여자가 말하였다.

"내가 폐하께 말씀드리면 맹상군 일행을 석방하는 것은 어려운 일이 아니오. 그러나 조건이 있소. 백여우 가죽으로 만든 외투를 가져오시오."

천하에 둘도 없는 백여우 가죽 외투는 이미 진소왕에게 선물로 바쳐졌다. 이 외투는 백여우의 겨드랑이에 있는 하얀 털가죽으로 만들었으므로 수많은 백여우가 필요하였고, 다시 만드는 것은 불가능하였다. 이때 맹상군의 식객 중에 능력을 인정받지 못했던 한 사람이 자신을 소개하며 말하였다.

"나는 물건을 훔치는 재주가 있습니다. 또한 동물의 울음소리를 똑같이 흉내 낼 수 있습니다. 내가 진소왕의 창고에 가서 그 백여우 외투를 몰래 훔쳐 오겠습니다."

그 식객은 조그만 개구멍을 통해 진소왕의 창고로 들어가서 그 백여우 외투를 훔치는 데 성공하였다. 그러나 돌아오는 길에 담장을 넘다가 그만 기왓장을 떨어뜨렸다. 졸면서 보초를 서던 경비병이 기왓장 깨지는 소리에 깜짝 놀라 깼다. 그리고 순찰을 하고자 그 식객을 향하여 걸어오고 있을 때, 그 식객은 고양이 울음소리를 냈다. 경비병은 고양이가 기왓장을 떨어뜨려 소리가 났다고 생각하고 다시 졸기 시작했다.

그 미녀는 백여우 외투를 손에 넣자 아주 기뻐하였다. 그리고 진소왕에게 가서 맹상군 일행을 풀어 주라고 간청하였다. 진소왕은 총애하는 애첩의 청에 놀아나서 맹상군 일행을 석방해 주었다.

맹상군 일행은 급히 말을 타고 제나라로 달렸다. 그러나 한밤중에 함곡관에 당도하니, 관문은 닫혀 있었다. 새벽에 첫 닭이 울어야 관문이 열리는데 마냥 기다릴 시간이 없었다. 진소왕은 맹상군을 석방했던 것을 후회하고 다시 잡아들이라고 명령을 내렸다. 추격대는 전속력으로 맹상군을 향해 달려오고 있었다.

초조한 시간을 보내던 순간 맹상군은 갑자기 귀를 의심했다. 아직 새벽이 안 되었는데 어디선가 닭 울음소리가 들리기 시작했고, 함곡관 근처의 닭들은 목이 터져라 따라서 울어댔다. 관문을 지키던 군인들은 졸린 눈을 억지로 뜨며 관문을 열었다. 맹상군 일행은 쏜살같이 관문을 빠져나갔다. 그동안 전혀 관심을 받지 못했던 맹상군의 한 식객이 닭 울음소리를 냈던 것이다. 추격대가 함곡관에 도착했을 때 맹상군 일행은 이미 저 멀리 달아난 후였다.

맹상군은 수하에 있는 식객의 도움으로 감옥에서 탈출하여 제나라로 무사히 돌아왔다. 능력 있는 사람을 중용해도 부족한 판에, 국적에 따라 편을 가르고, 외국인에 대한 반감을 조장하고, 배타적 국민주의의 이름으로 다른 부류의 사람을 죽이자는 선동이 얼마나 쉽게 이성적 판단을 무너뜨리는지 맹상군은 절감하게 되었다.

두 번째 이야기의 주인공은 이사(李斯)다. 이사가 친구 한비자를 죽이는 이야기는 6장을 참고하기 바란다. 이번에는 외국인이라는 이유로 이사가 진나라에서 추방될 뻔했던 이야기다.

이사가 진나라에서 중용되어 능력을 발휘하고 있을 때 간첩 사건이 발생한다. 한(韓)나라의 치수(治水) 전문가인 정국(鄭國)이 진나라에 와서 중용되고 대규모 운하 공사를 건의한다. 이 건의에는 진나라의 동방 진출을 견제하고, 감당하기 어려운 막대한 공사비용으로 진나라의 경제적 파탄을 유도하고, 결국 진나라를 망하게 하려는 음모가 숨어 있었던 것이다.

그러나 그 운하 공사로 인하여 진나라가 국력을 소비하는 듯했지만, 예상 밖에 진나라가 발전하는 계기가 된다. 어찌 되었든 이 음모가 밝혀지자 민심은 들끓기 시작했다. 자신의 능력이 부족해서 중용되지 못한 사람들이었건만, 외국인들 때문에 자신의 자리가 빼앗겼다고 핑계를 대며 불만에 가득 찬 분노를 쏟아내기 시작했다. 외국인들은 모두 간첩이라는 억지 주장, 외국인에 대한 시기, 질투, 증오 그리고 분노가 순식간에 폭발하면서 진나라는 무질서와 혼란의 소용돌이 속으로 빨려 들어가고 있었다.

진시황(秦始皇)은 외국에서 온 대신들을 의심하면서 커져 가는 외국인 추방의 목소리에 귀를 기울인다. 마침내 외국인 추방령이 내려지고, 이사의 이름도 추방자 명단에 포함되었다. 이 사실을 알게 된 이사는 진시황에게 상소문을 올린다. 이 상소문은 『사기』에 나오는 명문장 중의 명문장으로, 아래 문장은 중요한 부분을 쉽게 풀어서 축약한 것이다.

"외국인 관리들을 추방하려고 한다는 말이 들리는데 이것은 잘못된 것입니다. 유여(由余), 백리해, 건숙(蹇叔), 비표(丕豹), 공손지(公孫支) 이 다섯 사람은 진나라에서 태어나지 않았지만, 목공은 이들을 중용하여 20개국을 병합하고 서융(西戎)에서 패자(覇者)가 되었습니다.

효공이 상앙(商鞅)의 변법(變法)을 채택하여 진나라가 부강해지고, 초나라 위나라의 군사를 격파하여 넓힌 땅이 1,000리나 됩니다. 혜왕이 장의(張儀)의 계획을 받아들여 동서남북으로 영토를 넓히고 마침내 여섯 나라가 맺은 합종맹약을 깨뜨려 진나라를 섬기게 하였으니 그 공로가 큽니다. 소왕은 범저(范雎)를 중용하여 진나라 왕실을 튼튼히 하고 영토를 넓혔습니다.

네 분의 군주가 믿고 중용한 외국인 관리들의 공적 덕분에 진나라는 부강해졌습니다. 이런 역사적 사실을 보건대 외국인들이 진나라를 배반하지 않았습니다. 만일 네 분의 군주가 능력 있는 관리들을 외국인이라는 이유로 추방하였다면 진나라가 지금처럼 강대해지지는 못했을 것입니다.

지금 폐하가 갖고 있는 명옥(名玉), 진주(珍珠), 화씨(和氏)의 벽(璧), 명검(名劍), 준마(駿馬)와 같은 것들은 진나라에서 나오는 것이 아닌데, 폐하는 어찌하여 이런 보물들을 좋아하십니까? 반드시 진나라에서 나는 것만 사용해야 한다면, 야광(夜光)의 벽(璧), 코뿔소의 뿔이나 상아로 만든 물건, 보석으로 만든 비녀와 귀걸이를 즐길 수 없습니다. 정나라, 위나라, 조나라에서 온 미인들은 후궁에 들어올 수 없습니다. 마음을 즐겁게 하는 외국의 음악을 받아들인 것은 무엇 때문입니까?

그런데 지금 사람을 중용하는 데는 그렇지 않습니다. 그 사람의 성품과 능력을 보지도 않고 외국인이면 무조건 추방하려고 합니다. 이것은 패자(霸者)의 도가 아닙니다. 땅이 넓어야 곡식이 많이 생산되고, 영토가 넓어야 인구가 많고, 군대가 강해야 군인도 용감하다고 합니다.

태산(泰山)은 조그마한 흙도 버리지 않고 받아들였기 때문에 그 위대한 모습을 갖추고 있습니다. 황하(黃河)는 조그마한 강물까지 모두 받아들였기 때문에 위대하고 큰 모습을 갖출 수 있었습니다. 왕이란 모든 백성을 큰 가슴으로 품기 때문에 자신의 덕으로 천하를 훤하게 밝힐 수 있는 것입니다.

땅에는 동서남북의 구분이 없고, 백성들은 출신지에 대한 구분이 없고, 춘하추동은 서로 조화를 이루고, 귀신은 복을 내립니다. 이것이 바로 오제(五帝) 삼왕(三王)에게는 적(敵)이 없었던 이유입니다. 그런데 지금 진나라는 백성을 버리고, 외국인 인재를 추방하고, 유능한 외국인이 들어오지 못하게 합니다. 이것은 바로 도둑에게 무기와 먹을 것을 주는 것과 같습니다.

진나라에서 생산되지 않는 물자 중에 귀중한 것이 많고, 진나라에서 태어나지 않았어도 유능한 인재가 많습니다. 지금 외국인 인재들을 추방하는 것은 적국에게 이로운 일이고, 진나라에게는 해로운 일이 됩니다. 이래서는 국가가 위태롭지 않기를 바란다고 해도, 위태로울 수밖에 없습니다.”

진시황은 마침내 이사의 건의를 받아들여 외국인 추방령을 철회하였다. 이사는 복권되었고 그가 건의한 정책은 채택되었다. 그로부터 20여 년 동안 진나라는 강성해지면서 천하를 통일하게 되니, 그 원동력은 외국에서 온 인재를 추방하지 않고 중용한 개방적 인사정책에서 나온 것이다.

정국(鄭國)이 외국인 간첩이었다는 것을 꼬투리삼아 확인되지 않은 수많은 문제들을 제기하고, 그 배후에는 외국인이 있다고 떠들어대는 선동에 진나라는 하마터면 주저앉을 뻔하였다. 선동에 넘어가지 않고 위기를 극복한 위기관리 능력, 그리고 외국인 인재를 받아들인 열린 마음과 포용력이 없었다면 진나라는 천하 통일의 첫 번째 주인공이 될 수 없었을 것이다.

| 스캔하기 |

외국인 추방령에서 외국인의 의미는 무엇일까? 민족, 국적, 출생지, 혈연, 언어, 문화 등 많은 요소가 복합적으로 관련되어 있을 것이다. 중요한 것은 진나라의 토착 집단은 다른 나라에서 온 집단이 진나라에서 잘 사는 꼴을 못 보겠다는 것이다. 배가 아프고 불만이 쌓여 가는 와중에, 다른 나라에서 온 사람이 진나라를 망하게 하려고 간첩 활동을 했다는 사실이 알려지자, 이를 계기로 폭발하였던 것이다.

이렇게 편을 구분하는 인간 심리는 어떻게 작동하는 것일까? 옥스퍼드 대학교 리처드 도킨스 교수가 쓴 『이기적 유전자』에서 그

답을 찾아본다. 이 책에 의하면 유전자는 '자기 복제자'라는 의미로서의 단위이고, 개체는 '운반자'라는 의미로서의 단위이다. 인간이란 이기적 유전자를 부모로부터 받아서 보존하고, 낳은 자녀에게 복제된 유전자를 운반하는 껍데기 같은 존재이다.

이처럼 이기적 유전자의 목적은 복제된 유전자의 숫자를 늘리는 것이다. 유전자의 입장에서는 이기적인 행동이, 인간의 입장에서는 이타적인 행동으로 보인다. 왜냐하면 이기적 유전자가 혈연관계에 있는 다른 사람의 몸속에 있는 자신의 유전자 복제본이 잘 살도록 도와주려고 하기 때문이다.

부모가 자식을 도와주는 것은 자녀의 몸에 있는 유전자 복제본이 잘 살기를 바라기 때문이다. 먼 친척보다 형제들을 더 도와주려는 것은 복제본 유전자의 더 많은 부분을 함께 공유하기 때문이다. 혈연관계가 가까울수록 이타적 행동이 강해지고, 혈연관계가 멀어질수록 이타적 행동이 약해지는 것은 혈연 선택(kin selection)의 자연스러운 결과이다.

그런데 혈연관계가 8촌이 넘어가면 민법에서 친족의 범위에 포함되지 않으며, 유전자의 입장에서도 유전자 복제본의 혈연 범위를 벗어난다. 그럼에도 불구하고 인간은 혈연에서 공통점을 찾고 인종과 민족주의라는 이름으로 다른 혈연 공동체에 대해 배타적이고 비이성적인 행동을 하는 경향이 강하다.

인간은 왜 유전자 입장에서도 인간의 이성적 판단에서도 받아들이기 어려운 배타적 행동을 하는 것일까? 영국의 과학저술가 매트 리들리가 쓴 『본성과 양육』에서 그 답을 찾아본다.

"사람들은 일반적으로 거미, 어둠, 높은 곳, 깊은 물, 좁은 공간, 천둥소리를 무서워한다. 이것들은 모두 석기시대 사람들을 위협한 것들이었고, 현대생활에서 그보다 훨씬 위험한 것들, 즉 자동차, 스키, 총, 전기 소켓은 그런 공포증을 유발하지 않는다. 여기서 상식을 가진 사람이라면 진화의 작품을 보지 않을 수 없다. 인간의 뇌는 석기시대의 위험과 관련된 공포를 학습하도록 사전 배선돼 있는 것이다."(273쪽)

혈연관계가 가까운 사람에게 이타적 행동을 하는 것은 집단 규모가 작은 석기시대에 유전자가 생존하기에 유리하기 때문인 것으로 보인다. 그러나 씨족에서 부족으로, 그리고 국가로 집단 규모가 빠른 속도로 커졌지만, 뇌는 새로운 환경에 아직 적응하지 못하고 있는 것이다.

생존과 관련된 부분을 본능적으로 통제하는 오래된 뇌(뇌의 가장 안쪽에 위치)와 이성적으로 반응하는 영장류의 뇌(뇌의 가장 표피에 위치)가 상호 소통하는데, 오래된 뇌와 영장류의 뇌가 충돌하면 오래된 뇌가 이기는 경향이 있다. 왜냐하면 생존이 우선이기 때문이다.

그러나 영장류의 뇌가 이기는 경우도 있다. 예를 들면, 남성은 멋진 여성을 보고 자신의 유전자를 만들고 싶다는 본능을 느낀다. 여성도 마찬가지일 것이다. 이것은 건강하다는 증거다. 그러나 이러한 본능은 바로 행동에 옮겨지는 것이 아니고, 사회 규범을 지키려는 영장류의 뇌에 의해 통제된다. 부부의 경우에도 유전자 입장에서는 가급적 많은 유전자를 만들고 싶지만, 영장류의 뇌가 통제하여 피임 등의 방법으로 적절한 숫자의 유전자를 유지한다.

오래된 뇌는 반응 속도가 빠르고, 쉽게 전염되고, 감정적이고, 흥분 잘하고, 자기끼리 잘 단합되고, 배타적이고, 파괴적이고, 폭력적인 경향이 있다.

예를 들어 혈연으로 만들어진 폐쇄된 민족주의는 19세기 후반에 급속히 유행하기 시작하면서 다른 민족을 학살하거나 괴롭혔다. 1923년 일본 관동지방에서 발생한 대지진으로 여러 곳에서 화재가 발생하였고 20여만 명이 사망했다. 당시 일본에서는 일본인의 본성에 잠재해 있던 배타적 민족주의가 폭발했다. 한국인이 고의로 방화를 했고 폭동에 가담했다는 유언비어가 나돌았고, 수많은 한국인이 무고하게 학살당했다.

20세기 중반 2차 세계대전 중 히틀러가 이끄는 나치당은 유대인 등 수많은 소수자들을 게르만 민족의 이름으로 학살했다. 폐쇄된 민족주의의 광기로 무장된 나치의 대원들은 '열등한 민족'을 제거한다는 명분으로 수천만 명을 학살하고도 죄의식을 느끼지 못했다. 혈연관계가 없는 유전자를 제거하는 것이, 그들이 '열등하다'고 생각하는 소수민족을 제거하는 것이, 같은 유전자를 공유한 게르만 민족에게는 유익한 것이라고 판단했던 것이다. 문명사회임에도 불구하고 영장류의 뇌가 오래된 뇌에 의해 완전히 무장 해제된 참담한 결과였다. 그 후 영장류의 뇌가 작동하기 시작하자, 독일인들은 자신들이 행한 비인간적이고 잔인한 만행에 대하여 경악했다.

유럽의 많은 인재들이 전체주의와 전쟁을 피해 자유를 찾아 미국으로 몰려들었다. 이민자의 나라가 된 미국은 용광로처럼 모든 인종을 받아들여 새로운 미국인을 만들어 왔으며, 전 세계에서 자유를 찾아오는 이민족들을 환영했다. 1876년 미국 독립 100주년을 기념하여 프랑스가 미국에게 선물한 자유의 여신상은 자유의 상징이다. 자유의 여신상은 가난에 굶주리고, 세파에 시달리고, 삶에 지친 사람들에게 자유를 향해 오라고 등불을 높이 들고 있다.

미국은 전 세계에서 종교, 정치, 경제, 인종, 민족, 문화의 차별을 넘어 자유를 찾아온 사람들을 받아들였다. 그리고 미국을 선택한 외국인들이 자신의 능력을 최대한 발휘하도록 자유를 부여한 미국은 점점 발전하였다. 1990년대 초 소련의 붕괴로 인한 냉전 종식 이후, 미국은 전 세계 유일의 슈퍼파워로 우뚝 섰다.

중국은 1949년 중화인민공화국이 건국되고 죽의 장막이 내려졌다. 이천여 년 전 진시황이 하달한 외국인 추방령과 유사하게 외국과의 교류는 차단되었다. 역사의 교훈을 얻지 못한 결과는 참담했다. 영장류의 뇌는 죽은 듯 잠을 자고 오래된 뇌만 흥분해서 작동했다. 수천만 명의 중국인이 배고픔에 굶주리며 죽어 갔다. 1978년 등소평이 개혁개방의 깃발을 들고 사유재산을 인정하고 경쟁을 도입하면서 먹고 사는 문제가 해결되기 시작하였고, 21세기에 경제 대국으로 부상하고 있다. 그러나 중국은 중화사상과 민족주의 틀 속에서 '중국식(中國式)'이라는 형용사에 집착하는 한계를 극복하지 못하고 있다.

로마가 로마가 될 수 있었던 것은 언어나 인종 등을 불문하고 로마의 법을 따르고 세금을 납부하는 사람에게는 로마의 시민권을 부여하는 개방적 체제를 선택했기 때문이다.

중국이 계속 발전하여 세계의 중심 국가로 우뚝 서고자 한다면 진시황이 외국인 추방령을 철회한 개방과 포용 정신을 되새겨야 할 것이다.

26

지록위마와 사마천

| 조고, 호해, 사마천 |

조고(趙高)는 진시황 재위 시 환관으로 진시황을 옆에서 보좌했다. 진시황은 병들어 죽어 가며 변방에 있는 장남 부소에게 황제의 자리를 물려주겠다고 유언하였다. 그러나 조고는 진시황이 죽자, 승상 이사(李斯)와 진시황의 아들 호해(胡亥)를 협박하고 설득하여 유서를 조작했고 호해를 황제로 만들었다. 후에 조고는 승상 이사를 제거하고 승상의 자리에 오른다. 이제 실질적인 권력은 조고의 손에 떨어졌다.

어느 날 조고는 자신의 권력을 시험해 보고자 호해와 대신이 모인 조정에 사슴을 한 마리 끌고 왔다. 조고는 호해에게 말했다.

"폐하, 신이 아주 진귀한 말을 한 마리 가지고 왔습니다. 이것을 폐하께 바칩니다."

"헤헤, 승상, 농담하지 마세요. 이것은 사슴이 아닌가요?"

"폐-하-! 이것은 말이옵니다. 왜 말을 사슴이라고 우기십니까?"

조고는 조정에 모인 대신들의 지지를 얻기 위해 사슴을 가리키며 이 동물이 무엇이냐고 물었다. 대부분의 대신들은 감히 사슴이라고 사실대로 말하지 못했고, 일부 대신들만이 사슴이라고 대답할 뿐이었다. 사슴이라고 대답한 대신들은 죽음을 각오하고 진실을 선택한 사람이거나, 단지 보이는 대로 말하기만 할 뿐 자신의 목숨이 달아날 줄 예상하지 못한 단순한 사람일 것이다. 이후에 사슴이라고 말한 대신들은 조고에 의하여 제거되었다.

여기에서 '지록위마(指鹿爲馬)'라는 고사성어가 탄생한다. 사슴을 가리켜 말이라 한다는 뜻이다. 말도 안 되는 주장으로 사람을 농락하고 함부로 행세부리는 것을 비유할 때 쓰는 말이다.

이런 상황에서 호해도 조고의 오만한 행동에 대하여 지적할 수가 없게 되었다. 모든 권력은 조고의 손으로 넘어갔고, 마침내 호해는 조고의 압력에 의해 자살을 하게 된다. 호해가 죽고, 조고는 황제의 옥새를 차지하였다.

그러나 신하들이 따르지 않자 자영(子嬰)을 왕으로 옹립한다. 자영은 진시황의 장남인 부소의 아들이다. 자영은 조고가 자신을 바지 사장으로 앉히려는 것을 눈치 채고, 조고를 암살할 계획을 짠다. 옥쇄 받는 의식을 거행하는 날, 자영은 병을 핑계로 종묘에 나가지 않고 조고를 자신의 거처로 유인한 후, 칼로 찔러 죽인다. 황제가 되려고 했던 조고의 목은 잘려져 함양 저잣거리에 효수되었고, 삼족을 멸하였다.

| 스캔하기 |

'지록위마'를 읽을 때면 감정이 이입되며 사마천의 슬픈 얼굴이

떠오른다. 사마천은 궁형을 받고 살아남아 비장한 각오로『사기』를 썼다. 지록위마 부분을 쓰면서 사마천은 잠시 멈추고 먹먹한 심정으로 과거를 회상했을 것이다. 바로 이릉(李陵) 사건이다.

이릉 장군은 5천 명도 안 되는 적은 병사를 이끌고 적군 깊숙이 쳐들어가 수만 명의 흉노 군대를 무찌르고 대승을 거둔다. 이에 흉노는 엄청난 숫자의 지원군을 보내 이릉의 군대를 포위 공격한다. 이릉의 군대는 몇 배의 적을 맞이하여 최선을 다해 싸웠지만 화살과 양식이 떨어지고, 기다리던 한나라의 지원군도 오지 않아 패배한다. 이릉은 사로잡힌 몸이 되었다.

처음에 이릉 장군이 대승을 거두었다는 소식이 전해지자, 한무제(漢武帝)와 조정의 신료들은 만세를 불렀다. 그러나 이릉이 흉노의 지원군에 포위되어 사로잡혔다는 소식이 전해지자 조정의 분위기는 완전히 바뀌었다. 많은 신료들이 이릉을 비판했다. 장군이란 모름지기 최후까지 최선을 다해 장렬하게 전사하든지 자결해야지, 구차하게 목숨을 유지했다는 것이 비판의 이유였다. 한무제도 패전 소식에 음식 맛을 잃고 정사(政事)에서 손을 놓고 있었다.

사마천은 한무제를 위로한다는 차원에서 이릉을 두둔했다. 이릉은 항상 부하와 생사를 같이하였으며, 그의 용맹과 뛰어난 전략으로 적은 숫자의 군사로 몇 배나 많은 숫자의 흉노에게 많은 타격을 주었고, 포로가 된 것은 목숨을 구걸한 것이 아니라 한나라에 다시 충성할 기회를 갖기 위함이라는 요지로 한무제를 위로했다.

그런데 사마천이 한마디 더 한 것이 그의 운명을 바꾸어 놓았다. 총사령관인 이광리 장군이 보내기로 한 지원군을 이릉에게 보내지 않아 이릉이 사로잡혔다고 말한다. 이광리 장군은 한무제의 처남이다. 역린(逆鱗)을 건드린 것이다. 사마천은 감옥에 처박히는 신세가 되었다. 사마천에게 내려진 형벌을 사형(死刑)이었다.

당시에 목숨을 건지기 위해서는 두 가지 중 하나를 선택해야 했다. 하나는 50만 전을 벌금으로 납부하거나, 궁형(宮刑)을 자처하면 된다. 사마천은 50만 전의 벌금을 낼 만한 재산이 없었다. 친척이나 친구의 도움을 받고자 노력했지만 헛수고였다. 하늘이 노랗고 세상이 원망스러웠다. 그렇다면 죽으냐 궁형이냐 두 가지 가운데 하나를 선택해야 했다.

궁형은 생식기를 제거하는 치욕스러운 형벌이다. 더군다나 음란죄에 대한 처벌이 궁형이다. 사마천의 죄가 내용상 음란죄에 해당되는 것은 아니지만, 형식상 동일한 형벌을 받게 되니 그 수치심은 말로 표현할 수 없을 정도다. 궁형을 받게 되면 당시의 의료 수준으로 보아 살 확률보다 죽을 확률이 높았다. 더군다나 사마천은 이미 50을 바라보는 나이였으니, 죽을 확률은 더욱 높았다.

그때 아버지의 유언이 떠올랐다. 아버지는 사마천을 위대한 사관으로 키우기 위해 어려서부터 공부시키고, 전국 답사를 여러 번 보냈다. 그리고 유언으로 자기를 이어서 『사기』를 완성하라고 부탁했던 것이다. 아버지의 유언을 받들어 이행하려면 궁형의 치욕을 감수하더라도 살아남아야 한다. 그러나 궁형을 선택했다가 회복하지 못하고 죽는다면!

사마천은 한동안 끓어오르는 분노와 천길 밑으로 떨어지는 절망감에 몸을 떨었다. 만일 회복하지 못하고 죽는다면 ……. 치사하게 목숨을 구걸하다 죽었다고 비웃는 사람들의 모습이 떠올랐다. 어쩌면 그냥 죽어 버리는 것이 편할 수도 있다.

'그러나 나 한 사람 죽는다면 개미나 벌레가 죽는 것과 무엇이 다를 것인가? 구우일모(九牛一毛)처럼 너무도 하찮은 죽음이 아닌가? 죽음이란 태산보다도 무겁게 느껴질 수 있고, 기러기의 털보다도 가볍게 느껴질 수도 있다.'

죽느냐 사느냐 갈림길에서 사마천은 고뇌하고 또 고뇌한다. 자결할 기회를 잃고 감옥에 던져져서 명예마저 지키지 못한 사람들, 이사, 한신, 주발 같은 사람들의 찌그러진 얼굴이 떠올랐다. 그런 상황에 처하면 그렇게 되는 것이겠지! 사마천은 긴 한숨을 쉬면서 저 깊은 곳에서 꿈틀되는 울분을 안정시키려고 무진 애를 썼다.

그리고 하늘을 보며 다시 한 번 생각한다. 좌구명은 실명한 후에 『국어(國語)』를 저술했고, 한비자는 죽음을 당했지만 감옥에서 『세난(說難)』, 『고분(孤憤)』을 저술했고, 손빈은 다리가 잘린 후에 그 울분을 문장으로 풀어내며 『병법』을 저술하여 후세에 전하지 않았는가? 사마천의 숨소리는 안정을 찾아갔고, 마음이 편해졌다. 삶과 죽음의 갈림길에서 선택은 정해졌다. 이것은 어떠한 수모와 모욕을 받더라도, 설사 중간에 죽는다 해도 해야만 했다. 이제 그 분노의 감정은 가라앉았다.

『사기』를 쓰라는 아버지의 유언을 뛰어넘어 꼭 해야 할 일, 그것은 바로 진실을 기록해야 한다는 자기 자신과의 다짐이었다. 사마천은 궁형을 받은 후에 잠실(蠶室)로 보내졌다. 잠실은 따뜻하여 궁형을 당한 사람이 건강을 회복하는 데 도움을 주기 때문이다.

궁형에서 제거된 양물(陽物: 남성의 생식기)은 소중히 보관하다 죽을
때 관 속에 같이 넣어 준다. 이런 치욕을 당한 사마천이 잠실에서
살아남으면서 『사기』는 새롭게 탄생한다.

자! 이제 객관식 문제 한 번 풀어 보자. 조고가 사슴을 말이라고
주장했을 때, 신하들의 처신을 다섯 가지로 분류할 수 있다.

1. 조고에게 잘 보이려고 사슴을 말이라고 동조한 사람
2. 눈치 보느라 아무 말도 안 한 사람
3. 후환이 두려워서 말하지 않는 사람
4. 후환(後患)을 예상하지 못하고 사슴을 사슴이라고 말한 사람
5. 후환을 두려워하지 않고 사슴을 사슴이라고 진실을 말한 사람

[문제1]
사마천이 한무제에게 이릉을 변호한 것은 위에서 어떤 부
류에 속하는 처신일까? 4번에 해당될 것이라고 본다.

[문제2]
사마천이 궁형을 받고 회복되어서 다시 이릉 사건과 같은
상황에 처한다면 어떤 부류에 속하는 처신을 할까? 3번에
해당될 것이라고 본다. 정확하게 말하면 후환이 두렵다기
보다는 『사기』를 쓰는 것이, 진실을 기록하는 것이 목숨이
나 궁형보다 더 절실했을 것이다.

[문제3]
사마천이 21세기의 자유민주주의 국가에 환생해서 이릉

사건과 같은 상황에 처한다면 어떤 부류에 속하는 처신을
할까? 5번에 해당될 것이라 본다.

　사마천의 선택이 4번, 3번, 5번으로 변한 것은 상황의 변화에
따른 적절하고 자연스러운 처신이다. 사마천이 살았던 시대에는
군주의 마음을 읽고 말할 때와 말하지 않아야 할 때를 구분하는 능
력이 필요하였다. 군주가 어떤 생각을 갖고 있는지 파악도 안 되면
서 불필요하게 말을 많이 하여 화를 당한다면 아무것도 이룰 수 없
기 때문이다. 황제의 주위에서 일하는 대신은 그의 지위가 높지만
이 이치를 모르면 생명이 위태롭다. 21세기에 사마천은 당연히 5번
을 선택할 것이다.
　후환이란 2,000년 전에는 목숨을 내놓는 것이지만 21세기의 자
유민주주의 국가에서는 아니다. 대통령을 보좌하는 사람도 자신
의 소신과 원칙을 말할 수 있고, 말해야 한다. 대통령과 보좌진이
진지하고 깊은 의견을 교환하면서 최선의 정책을 만들어야 한다.
그러다가 만일 대통령이 법에 어긋나는 지시를 내리면 법에 어긋
남을 잘 설명하고 다른 방법을 찾도록 건의하며 잘 보필해야 한
다. 그럼에도 불구하고 직언이 받아들여지지 않는다면 떠나면 되
는 것이다. 목숨까지 걸 필요도 없다.
　사마천은 『사기』를 쓰면서 비판의 칼을 분산시켰다. 예를 들면
「항우본기」에서 유방에게 부정적인 내용을 쓰고, 「고조(유방)본기」
에서는 항우에게 부정적인 내용을 쓰는 방식이다. 말 한 번 잘못
해서 궁형을 당한 사마천이 머리를 쓴 것이다. 드러나지 않게 진

실을 밝히려고 노력한 흔적이다. 사마천이 21세기에 다시 살아난 다면 자유의 가치를 칭송하면서 『사기』 개정판을 마음껏 쓰고 싶어 할 것 같다.

알아두기

사마천과 『사기』

참고 자료

알아두기 : 사마천과 『사기』

『역사』를 쓴 헤로도토스(기원전 484-425)는 서양 역사의 아버지이
고, 『플루타르크 영웅전』을 쓴 플루타르크(46-120)는 서양 전기 문
학의 아버지로 불린다. 『사기』를 쓴 사마천(기원전 145-87)은 동양
역사의 아버지이고 또한 전기 문학의 아버지로도 불린다.

사마천은 중국의 서북부 섬서성 한성현(韓城縣)에서 출생하였다.
사마천의 아버지 사마담은 태사령으로 천체의 운행을 관측하여 기
록하고, 제반 역사 기록을 정리하는 일을 하였다. 당시의 정치사
상은 무위지치(無爲之治)를 주장하는 도가(道家) 사상에서 인(仁)과
예(禮)를 주장하는 유가(儒家) 사상으로 변하는 시기였다. 사마천
은 어려서부터 부친에게 한자를 배우기 시작하였고, 아버지의 태
사령 자리를 이을 인재로 키워지고 있었다.

사마천은 스무 살 때 역사의 현장을 직접 보기 위해 천하주유의
여행을 떠난다. 요·순의 유적지, 제나라 강태공의 유적지, 공자
의 고향 곡부, 백이·숙제의 유적지, 맹상군이 3,000명의 식객을
거느리고 살던 곳, 한신 장군이 젊었을 때 살았던 고향 등을 두루
다니면서 전해 오는 이야기를 듣고 꼼꼼히 기록한다. 3년 정도 여
행에서 돌아온 후에 낭중의 벼슬을 얻는다.

기원전 110년 한무제는 산동성 태산에 올라 봉선(封禪) 의식을 거행할 예정이었다. 봉선이란 태산의 꼭대기에 올라 천신(天神)에게 제사를 지내고(封), 다시 내려와 지신(地神)에게 제사 지내는(禪) 의식이다.

이 의식에는 누구나 참가하기를 원했고, 특히 사마담은 참석해서 직접 봉선 의식을 보고 싶어 했다. 그러나 참석자가 너무 많아 고관 위주로 참석자를 제한하다 보니 사마담은 참석하지 못하게 되었다. 사마담은 이에 크게 실망하고 병석에 눕게 되었다. 당시 낙양에 머무르던 사마담은 장안에 있는 아들 사마천을 불러 유언을 남겼다.

"주공(周公)이 죽은 지 5백년 만에 공자가 나타나 『춘추(春秋)』를 지어 끊어졌던 기록이 이어지고, 공자가 죽은 지 5백 년이 지난 지금 천하가 한(漢)나라로 통일되었다. 그동안 수많은 위인들이 태어나고 죽었지만 사관의 자리에 있으면서 이들의 기록을 남기지 못함이 한스럽구나. 내 아들 사마천아, 나의 한을 풀어다오."

사마천은 아버지의 유언을 받들어 기록을 남기겠다고 맹세하였다. 그로부터 3년이 지나 사마천의 나이 39세가 되던 해에 사마천은 아버지를 이어 태사령으로 임명되었고, 당시 보관된 여러 기록을 정독하면서 정리하기 시작한다. 그런데 사마천의 나이가 50을 바라보는 어느 날 청천벽력 같은 일이 벌어진다. 바로 이릉 사건과 연관되어 궁형을 당하게 된다. 자세한 이야기는 26장의 내용을 참고하기 바란다.

한무제는 궁형을 받고 살아 돌아온 사마천을 황제의 침실까지

출입이 가능한 중서령(中書令)에 임명하였다. 사마천으로서는 수모로 느꼈을 터이지만, 한무제가 사마천에 대한 미안한 마음이 있었는지, 사마천의 재능을 인정한 것인지, 대우가 이전보다 2배 이상 후해졌다. 사마천이 55세가 되던 해에 『사기』가 완성되었다. 그리고 몇 년 후 한무제가 죽고 얼마 안 되어 사마천도 60세 전후의 나이에 죽었다.

『사기』는 모두 526,500자로 이루어져 있는데, 「본기(本紀)」 12권, 「표(表)」 10권, 「서(書)」 8권, 「세가(世家)」 30권, 「열전(列傳)」 70권 총 130권이고, 「열전」의 마지막인 130권은 사마천의 자서전이다.

「본기」는 오제(五帝) 본기를 1권으로 시작하여 한무제까지 2,500년간의 왕들의 정치사를 기록하고 있다. 「본기」에 항우와 여태후가 포함되어 있는 것이 특이한데, 항우는 유방에게 패하였지만 「본기」에서 유방보다 앞에 배치한 것은 사마천의 배려인 것 같다. 여태후는 유방의 부인이지만 유방이 죽고 실권을 가졌다는 의미에서 「본기」에 집어넣은 것으로 보인다.

「표」는 연도별 그리고 나라별 중요한 사건을 기록하고 있어 사건 발생의 시기별 상관관계를 이해하는 데 도움이 된다. 「본기」, 「세가」, 「열전」에서 다루지 않은 내용도 간략하게 기록하고 있으며, 후대로 내려오면 월별로 자세하게 기록하고 있다.

「서」는 제도에 대한 이야기로, 예의, 음악, 법률, 역법, 천문, 봉선, 치수, 경제에 관한 내용을 기록하여 당대의 상황을 이해할 수 있다.

「세가」는 제후들의 정치사를 기록하고 있는데, 공자를 세가에 배치한 것은 사마천의 배려로 보인다.

「열전」에는 「본기」나 「세가」에 포함되지 않는 위인들의 전기를 기록하였다. 「열전」은 등장인물이 가장 많고 분량도 많으며 사마천이 가장 심혈을 기울인 부분이다. 그중에서 특이한 것은 제129권의 「화식열전」에 부자들의 이야기를 소개하여 후대에 많은 비판을 받고 있다는 점이다. 왜냐하면 사농공상의 정신이 지배하는 세상에 가장 천하다고 여겨지는 상인들의 돈 버는 이야기를 소개하였기 때문이다.

『사기』가 세상에 나오면 큰 저항에 직면하리라는 것을 직감한 사마천은 2부를 만들었다. 그의 예감대로 한 부는 공개되자 금서로 지정되었고, 친척에게 보관을 부탁한 나머지 한 권이 100여 년이 지난 후에 살아남아 지금까지 위대한 책으로 전해지게 된 것이다.

| 참고 자료

· 史記 上, 下(司馬遷 著, 吳樹平, 林小安, 李解民 等譯, 三秦出版社, 2004年)

· 史記(司馬遷 著, 王軍 責任編輯, 中華書局, 2006年)

· 白話 史記 上, 下(司馬遷 著, 馮國超 主編, 光明日報出版社, 2004年)

· 史記故事 本紀, 世家, 列傳 上, 列傳 下(司馬遷 原著, 王文心 改編, 新蕾出版社, 2006年)

· 객관성의 칼날(찰스 길리스피 지음, 이필렬 옮김, 새물결출판사, 1999년)

· 과학연구의 경제법칙(테렌스 킬리 지음, 조영일 역, 자유기업원, 2003)

· 과학자처럼 사고하기(린 마굴리스. 에두아르도 푼셋 엮음, 김선희 옮김, 이루출판사, 2012)

· 과학혁명의 구조(토마스 S. 쿤 지음, 김명자, 홍성욱 옮김, 까치, 1999)

· 노예의 길(프리드리히 A 하이에크 지음, 김이석 번역, 나남출판사, 2006)

· 논어(한갑수 옮김, 삼성출판사, 1982년)

· 뇌, 1.4킬로그램의 사용법(존 레이티 지음, 김소희 옮김, 최준식 감수, 21세기북스, 2010)

· 마음의 미래(미치오 카쿠 지음, 박병철 옮김, 김영사, 2015)

· 묵자(김학주 옮김, 삼성출판사, 1981)

· 본성과 양육(매트 리들리 지음, 김한영 옮김, 김영사, 2004)

· 브레이크아웃(마틴 러스 지음, 임상균 역, 나남출판, 2004)

· 빅히스토리(데이비드 크리스천, 밥 베인 공저, 조지형 옮김, 해나무, 2013)

· 살인의 심리학(데이브 그로스먼 지음, 이동훈 옮김, 플래닛, 2011)

· 아큐정전(루쉰 지음, 김시준 옮김, 을유문화사, 2008)

· 역사의 연구(토인비 지음, 노명식 옮김, 삼성출판사, 1983)

· 역사의 종말(프랜시스 후쿠야마 지음, 이상훈 옮김, 한마음사, 1992)

· 이기적 유전자(리처드 도킨스, 홍영남. 이상임 옮김, 을유문화사, 1993)

· 위대한 탈출(앵거스 디턴 지음, 이현정.최윤희 옮김, 한국경제신문, 2014)

· 자살론(뒤르켕 지음, 임희섭 번역, 삼성출판사, 1982)

· 자유로부터의 도피(에리히 프롬 지음, 김석희 옮김, HUMANIST, 2012)

· 전쟁의 역설(이언 모리스 지음, 김필규 옮김, (사)한국방송통신대학교출판문화원, 2015)

· 정치학(아리스토텔레스 지음, 나종일 옮김, 삼성출판사, 1982)

· 젊은 베르테르의 슬픔(괴테 지음, 박찬기 옮김, 민음사, 2004)

· 중국의 과학과 문명 1(조셉 니덤 지음, 콜린 로넌 축약, 김영식, 김제란 옮김, 까치글방, 1998)

· 중국의 과학과 문명 2(조셉 니덤 지음, 콜린 로넌 축약, 이면우 옮김, 까치글방, 2000)

· 지금 애덤 스미스를 다시 읽는다(도메 다쿠오 지음, 우경봉 옮김, 도서출판 동아시아, 2010)

· 총, 균, 쇠(재러드 다이아몬드 지음, 김진준 옮김, 문학사상사, 2012년)

· 클루지(개리 마커스 지음, 최호영 옮김, (주)웅진씽크비, 2008)

· 통치론(존 로크 지음, 강정인, 문지영 옮김, 까치, 1996)

· 하이테크 전쟁, 로봇 혁명과 21세기 전투(피터 W. 싱어 지음, 권영근 옮김, 지안출판사, 2011)